EXTRAIT DU RECUEIL DES NOTICES ET MÉMOIRES
DE LA SOCIÉTÉ ARCHÉOLOGIQUE DE LA PROVINCE DE CONSTANTINE

LES JUIFS

DANS

L'AFRIQUE SEPTENTRIONALE

PAR AB. CAHEN

Grand Rabbin de la province de Constantine

CONSTANTINE

TYPOGRAPHIE ET LITHOGRAPHIE L. ARNOLET

1867

LES JUIFS

DANS

L'AFRIQUE SEPTENTRIONALE

PAR AB. CAHEN

Grand Rabbin de la province de Constantine

CONSTANTINE

TYPOGRAPHIE ET LITHOGRAPHIE L. ARNOLET

1867

A MON PÈRE

TÉMOIGNAGE DE VÉNÉRATION
ET D'AMOUR FILIAL

LES JUIFS

DANS

L'AFRIQUE SEPTENTRIONALE

I

Les histoires et les chroniques sont généralement assez silencieuses pour tout ce qui concerne l'état des Juifs des temps anciens dans l'Afrique septentrionale, dans ce pays que Strabon généralise sous le nom de Libye. — Q r'auraient-elles eu à enregistrer ? — Quelques persécutions, quelques éclaircies de beaux jours de paix, de tranquillité et de tolérance. Pour les Arabes comme pour les chrétiens, en Afrique aussi bien qu'en Europe, les Juifs n'avaient pas assez d'importance pour qu'on prît note de tous les événements qui les concernaient. Ce n'est que de loin en loin qu'on trouve quelques faits, quelques réflexions et idées à leur sujet : les faits sont généralement défigurés, les réflexions et les idées le plus souvent erronées et fausses. — Et cependant, en Afrique, aussi bien que dans les autres pays, ils ont apporté leur contingent dans le mouvement des affaires et des idées. Ils ont pris part aux événements publics dans bien des circonstances.

Si nous en parlons dans ce Recueil, spécialement affecté aux grandes questions d'archéologie et d'histoire, c'est que nous les trouvons souvent jouant un rôle sur la scène politique, servant presque toujours d'intermédiaires entre l'Europe et l'Afrique, soit quant aux idées et aux sciences, soit quant aux affaires commerciales.

Pendant tout le moyen âge, lorsqu'en Europe l'étude des sciences n'existait pas, pour ainsi dire, lorsqu'en philosophie on ne s'occupait que de puérilités scolastiques, la véritable science et la véritable philosophie étaient l'apanage des Juifs d'Afrique et d'Espagne : jusqu'au moment de la Renaissance, on ne connaissait les auteurs grecs que par les livres arabes et hébreux. En médecine surtout, c'étaient eux qui faisaient autorité et qui avaient de brillantes écoles avant l'existence de celle de Montpellier, à la fondation de laquelle ils prirent une grande part.

D'ailleurs, les quelques grandes immigrations des Juifs

dans ce pays ont chaque fois amené à leur suite certains faits importants à signaler. Enfin, ne serait-ce que par les services que les Juifs ont rendus au commencement de la conquête de ce pays par nos troupes, en acclamant avec bonheur l'arrivée des Français, leurs libérateurs, et en leur servant toujours d'intermédiaires et d'interprètes, ils mériteraient encore qu'on s'occupât d'eux. Bien que les faits connus soient assez rares, ils n'en prouvent pas moins qu'ils n'ont pas toujours été dans l'abaissement et dans l'ignorance qui existaient au moment de notre arrivée en Algérie.

II

On a voulu faire remonter l'origine des Juifs de l'Afrique à l'époque de la dispersion des dix tribus formant l'ancien royaume d'Israël ; mais le voile, qui a toujours couvert cette migration extraordinaire, n'a pas été déchiré jusqu'ici, et les différentes opinions qui veulent retrouver les vestiges des dix tribus, soit en Abyssinie ou dans la Cafrerie, soit dans l'Afrique septentrionale, soit enfin en Chine ou dans les Indes, n'ont jamais été que de pures suppositions, sans aucune preuve certaine et historique à l'appui.

Mais si l'on ne peut sans arbitraire faire remonter à une

aussi haute antiquité l'arrivée des Juifs en Afrique, ils n'y existaient pas moins déjà plusieurs siècles avant l'ère chrétienne. Lorsque Ptolémée Soter, fondateur de la dynastie des Lagides, s'empara de Jérusalem (vers l'an 320 avant J.-C.), il transporta plus de cent mille Juifs de Palestine en Afrique. Une partie s'établit en Égypte, et surtout à Alexandrie, de récente fondation ; une autre partie fut envoyée dans la Cyrénaïque et dans la Libye (1). Ils s'étendirent dans tout le pays environnant et y jouirent, comme en Égypte, des mêmes droits que les Macédoniens ou Grecs. C'est ce qui engagea plus tard beaucoup de leurs compatriotes à émigrer volontairement vers ces pays (2).

Lorsqu'après la mort d'Apion, dernier roi de la Cyrénaïque et de la Libye, ces provinces passèrent sous la domination romaine, les Juifs, jusqu'alors paisibles et tranquilles, n'eurent pas à se plaindre du changement de gouvernement. Rome et ses représentants les protégeaient contre certaines tendances des Grecs à les maltraiter et à les tourmenter. Plusieurs documents, qui sont indubitablement de l'époque qui précède la destruction du temple de Jérusalem par Titus (70 ans ap. J.-C.), nous en donnent des preuves.

Le premier est une inscription grecque gravée sur une colonne de marbre blanc. Cette colonne, trouvée en Cyrénaïque, demeura pendant longtemps à Tripoli, en Barbarie, et fut ensuite transportée à Aix, en Provence. Voici la traduction de l'inscription, telle qu'elle est généralement donnée :

(1) Josèphe, contra Applo., II, 4.
(2) Josèphe, Antiquités, XII, 1.

« L'an 55, le 25 de Paophi, en l'assemblée de la fête
» des Tabernacles, sous l'archontat de Cléanthe, fils de
» Stratonicus, d'Euphranor, fils d'Ariston, de Sosigène,
» fils de Sosippe, d'Andromaque, fils d'Andromaque, de
» Marcus Lelius Onasion, fils d'Apollonius, de Philonide,
» fils d'Agémon, d'Autoclès, fils de Zénon, de Sonicus,
» fils de Théodote, et de Joseph, fils de Straton ;

» D'autant que Marcus Titius, fils de Sextus, de la tribu
» Æmilia, personnage excellent, depuis son avénement à
» la préfecture, s'est comporté dans les affaires publiques
» avec beaucoup d'humanité et d'intégrité, et qu'ayant
» marqué dans sa conduite toutes sortes de bontés, il
» continue d'en user de même, et non-seulement se mon-
» tre humain dans les choses générales, mais aussi à
» l'égard de ceux qui recourent à lui pour leurs affaires
» particulières, traitant surtout favorablement les Juifs
» de notre synagogue, et ne cessant de faire des actions
» dignes de son caractère bienfaisant ;

» A ces causes, les chefs et le corps des Juifs de Béré-
» nice ont ordonné qu'il serait prononcé un discours à
» sa louange, et que son nom serait orné d'une couronne
» d'olivier avec le lemnisque, à chacune de leurs assem-
» blées publiques et à chaque renouvellement de lune ;
» et qu'à la diligence desdits chefs, la présente délibéra-
» tion soit gravée sur une colonne de marbre de Paros,
» qui sera érigée au lieu le plus distingué de l'amphi-
» théâtre.

» Voté à l'unanimité. »

M. d'Avezac (1), dans son *Afrique ancienne*, à la suite
de la reproduction de cette inscription, dit : « Il s'agit,

(1) D'Avezac, *Afrique ancienne*, p. 123, a. b.

comme on voit, d'actions de grâces décernées par les Juifs
de Bérénice au gouverneur romain Marcus Titius, à raison de sa conduite pleine d'humanité envers eux. Fréret
pense que la mission de Titius émanait d'Antoine, et se
liait à la proclamation de la jeune princesse sa fille dans
le royaume qui venait de lui être attribué (la Cyrénaïque). D'autres critiques ont opté pour une époque plus
ancienne, et d'autres pour une date plus moderne : la
question dépend de l'ère à laquelle doit être rapportée
l'année 55 inscrite en tête de ce décret ; les uns optent
pour le commencement de la domination romaine en Cyrénaïque, les autres pour la réforme législative de Lu-
cullus, ceux-ci pour la réduction en province, ceux-là pour
l'adoption du calendrier Julien à Alexandrie. Chaque hy-
pothèse a ses arguments et ses difficultés, et il est difficile
de prendre un parti définitif au milieu de toutes ces in-
certitudes. »

Josèphe, dans ses Antiquités (1), parle de différents dé-
crets émanés des empereurs ou des gouverneurs romains
en faveur des Juifs de la Libye et de la Cyrénaïque. A
cette époque, les Juifs de ces provinces envoyaient à Jérusalem de l'argent pour contribuer aux dépenses du
temple et des sacrifices. Les Grecs voyaient cela d'un
mauvais œil, et les accusaient d'accaparer l'argent et de
l'exporter au détriment du pays même. Les Juifs, mal-
traités à ce sujet par les Grecs, se plaignirent à Auguste.
Ce prince écrivit dans les provinces qu'il voulait que les
Juifs fussent maintenus dans leurs priviléges. César Auguste, dans la lettre que Josèphe (2) nous a conservée,

(1) Josèphe, Ant., l. XVI, ch. x.
(2) Josèphe, ibid.

rappelle *que les Juifs, dans tous les temps, ont été fidèles et affectionnés au peuple romain, et particulièrement à l'empereur César, son père; il ordonne, avec l'avis du Sénat, que les Juifs vivront selon leurs lois et coutumes, comme au temps de Hyrcan, grand-prêtre de Jérusalem ; qu'il leur sera permis d'envoyer à Jérusalem l'argent qu'ils consacrent au service de Dieu ; qu'ils ne seront pas contraints de comparaître en jugement ni le jour du sabbat, ni la veille du sabbat, après neuf heures, en la Parascève ; que si quelqu'un dérobe leurs livres saints ou l'argent destiné au service de Dieu, il sera puni comme sacrilège et son bien confisqué.*

Josèphe (1) cite encore un décret gravé sur une colonne du temple Auguste, et ainsi conçu: « César à Norbanus » Flaccus, salut. Nous voulons qu'il soit permis aux Juifs, » en quelque province qu'ils demeurent, d'envoyer de » l'argent à Jérusalem, selon leur coutume, pour l'em- » ployer au service de Dieu, sans que personne les en » empêche. »

Marcus Agrippa écrivit enfin de son côté aux magistrats et au sénat de Cyrène (2) : « Les Juifs qui demeurent à » Cyrène nous ayant fait des plaintes que, malgré les » ordres donnés par Auguste à Flavius, gouverneur de » la Libye, et aux officiers de cette province, de les lais- » ser dans leur pleine liberté d'envoyer de l'argent sacré » à Jérusalem comme d'habitude, il se trouve des gens » malveillants qui les en empêchent, sous prétexte de » réclamer d'eux certains tributs qu'ils ne doivent pas en » réalité, nous ordonnons qu'ils soient maintenus dans

(1) Josèphe, ibid.
(1) Josèphe, ibid.

» leurs droits, sans qu'on puisse les troubler, et que, si
» quelque argent sacré a été intercepté, il leur soit res-
» titué par les personnes nommées à cet effet. »

III

Les Juifs de Libye et de Cyrène avaient, à l'époque de
la naissance du christianisme, un certain nombre d'entre
eux qui, habitant Jérusalem, formaient, comme les Juifs
Alexandrins, et peut-être même avec eux, une synagogue
particulière. Ce sont eux, principalement, que nous trouvons accusés par les *Actes des Apôtres* (1) de s'être soule-
vés contre saint Étienne, d'avoir disputé avec lui et d'avoir
contribué à son martyre.

Mais, après la destruction du temple de Jérusalem par
Titus (70 de J.-C.), un grand nombre de Juifs zélateurs, qui
avaient lutté avec acharnement contre les armées romaines, se retirèrent en Libye et à Cyrène, où ils cherchèrent
de nouveau à soulever leurs coréligionnaires contre Rome.
Un certain Jonathan excita ce mouvement, qui avorta dès sa
naissance ; car les Juifs de Cyrène, non-seulement ne voulurent pas s'associer à ces zélateurs réfugiés chez eux,
mais avertirent même Catulle, gouverneur de Libye, qui
le réprima sans peine, parce qu'il n'avait pas pris
racine dans le pays. Jonathan ayant été arrêté, voulut se
venger sur les habitants de Cyrène de l'insuccès de sa
révolte ; il accusa auprès de Catulle les principaux Juifs
d'avoir été les promoteurs de cette révolte. Catulle, « cet

(1) Act. des Ap., ch. VI, v. 9.

avare gouverneur, » comme dit Josèphe, prêta volontiers
l'oreille à une si grande calomnie, et y ajouta même encore, afin qu'il parût avoir en quelque sorte achevé de
faire la guerre aux Juifs. Pour comble de méchanceté, il
excita les zélateurs et leur enseigna les calomnies à in-
venter. Il leur ordonna particulièrement d'accuser un Juif
nommé Alexandre, que chacun savait être depuis longtemps
l'objet de la haine de Catulle. Alexandre fut exécuté avec
sa femme Bérénice, qu'on enveloppa dans la même accusation. Il fit ensuite mourir trois mille autres Juifs, auxquels on ne pouvait reprocher d'autre crime que celui
d'être riches, pensant n'avoir rien à craindre, parce que,
se contentant de prendre leur argent, il confisquait leurs
terres au profit de l'empereur. D'un autre côté, pour ôter
à ceux qui demeuraient dans d'autres provinces le moyen
de l'accuser et de le convaincre de ses crimes, il se servit
de ces mêmes zélateurs, ses prisonniers, et de ce Jonathan, pour dénoncer ceux des Juifs qui, à Alexandrie et
à Rome, passaient pour être les plus honnêtes et les plus
influents, parmi lesquels se trouvait Josèphe, l'auteur
de l'histoire des Juifs. Catulle se rendit à Rome, emme-
nant avec lui Jonathan et ses autres prisonniers. Mais il
fut trompé dans son attente ; car Vespasien, se doutant
de quelque chose, voulut approfondir les faits ; et, lorsqu'il
connut la vérité, il déclara innocents, à la demande de
Titus, Josèphe et tous ceux qui avaient été faussement
accusés. Jonathan, pour prix de ses crimes, fut brûlé vif,
après avoir été battu de verges. Quant à Catulle, la clé-
mence des deux princes le sauva. « Mais bientôt, ajoute
» Josèphe, il tomba dans une maladie horrible et incu-
» rable, dont néanmoins les douleurs, quelque grandes

» qu'elles fussent, n'égalaient en rien les remords qui
» vinrent tourmenter son âme. Il finit sa vie criminelle
» par une mort qui fit voir que Dieu n'a jamais fait con-
» naître par un exemple plus remarquable la grandeur
» des châtiments que les méchants doivent attendre de
» sa justice (1). »

IV

Sous Trajan cependant, les Juifs de la Libye et de la
Cyrénaïque n'eurent pas la même prudence que sous Vespasien. Cyrène, au contraire, fut un des points où la révolte la plus forte des Juifs éclata contre l'autorité romaine, lorsque, au même moment, un mouvement insur-
rectionnel se manifesta parmi les Juifs dans les contrées
les plus éloignées, en Babylonie, en Cyrénaïque, en Égypte
et dans l'île de Chypre.

Les causes de ce soulèvement sont inconnues; mais une
telle coïncidence fait supposer un plan bien combiné et
des chefs hardis ; et cependant, aucune des combinaisons
que semble prouver la simultanéité de ces insurrections
n'est parvenue jusqu'à nous. Le fait seul, par lui-même, nous
est connu. Faut-il supposer que des missionnaires prê-
chant la révolte seraient partis d'un même point pour ces
différentes contrées ? Faut-il voir dans le rabbin Akiba un
de ces missionnaires nationaux, parce que le Talmud, à
plusieurs reprises, parle de ses nombreux voyages, et notamment de ceux qu'il fit en Afrique ? C'est probablement

(1) Josèphe, *Guerre des Juifs*, l. VII, ch. xxxix.

à de semblables voyages faits en Afrique, en Arabie, en Babylcnie et dans les différents pays où se trouvaient des Juifs, qu'il faut attribuer la simultanéité des mouvements et des soulévements. D'ailleurs, le rabbin Akiba pourrait être regardé avec quelque certitude comme un des principaux fauteurs de ces révoltes, puisque, un peu plus tard, on le retrouve comme le principal soutien de la révolte de Barcochebas sous Adrien.

Le soulévement le plus sérieux eut lieu à Cyréne. Là, ils avaient un chef qui, suivant les uns, s'appelait Lucus, suivant les autres, Andréas. Les Juifs égyptiens eux-mêmes, d'ordinaire si fidèles, firent cause commune avec les révoltés. D'abord, les Juifs de Cyrène attaquèrent leurs voisins et massacrèrent les Grecs et les Romains, sans doute pour venger, non-seulement la perte de leur nationalité, mais encore les tracasseries et les persécutions que ces derniers leur faisaient souvent endurer, malgré la défense formelle de Rome, comme nous l'avons dit précédemment. Enhardis par le succès, les Juifs de Cyrène se formèrent en armée et attaquèrent le général Lupus, qui s'avançait contre eux. L'impétuosité des Juifs leur fit remporter l'avantage sur la tactique savante des Romains : le général Lupus fut vaincu et repoussé. Les suites de cette victoire furent inhumaines et barbares de part et d'autre, suites malheureusement trop naturelles d'une guerre d'indépendance. Quand l'amour de la patrie, longtemps étouffé, se fait enfin jour, le sang seul peut apaiser cette soif de vengeance et de représailles.

Les Romains, après la défaite de Lupus, se jetèrent dans Alexandrie, dont la jeunesse valide juive se trouvait dans l'armée des insurgés. Ils firent subir aux Juifs de la ville

les représailles de leur défaite et les massacrent sans pitié en leur faisant souffrir d'horribles martyres. L'armée
victorieuse des Juifs prit aussi sa revanche ; elle se jeta
sur l'Égypte, s'empara d'un grand nombre de points stra-
tégiques et rendit cruautés pour cruautés. Si l'on en croit
Dion Cassius, « les Juifs auraient mangé la chair des pri-
» sonniers grecs et romains ; ils se seraient teints de leur
» sang et enveloppés dans leurs peaux, dont ils auraient
» fait des vêtements. » Dion Cassius peut difficilement être
cru en cela ; il est évidemment sujet à caution : il veut
sans doute excuser les cruautés des Romains et en re-
jeter tout l'odieux sur l'armée insurgée des Juifs. Mais,
pour l'historien impartial, ces cruautés inouïes sont peu
admissibles, et même impossibles chez les Juifs ; car la
loi religieuse leur défend de manger la chair des
animaux impurs et, à plus forte raison, la chair et le sang
humains leur sont sévèrement interdits. Mais ce qui est
vraisemblable, ce sont les détails qu'ajoute Dion Cassius,
« que les Juifs forcèrent les Grecs et les Romains à com-
battre dans les arènes contre les bêtes féroces. » L'exemple
de Rome leur avait, sans doute, donné du goût pour ce
genre de spectacle, inconnu d'eux autrefois. Trajan envoya contre les rebelles un de ses meilleurs généraux,
Marcius Turbo, à qui il fallut du temps pour les vaincre
et les soumettre, malgré l'habileté qu'il y mit et la nom-
breuse armée qu'il avait sous ses ordres. Il leur livra de
nombreux combats et les poursuivit partout où ils se réfugièrent (1). C'est dans cette poursuite contre les insurgés

(1) Voyez, pour tous les détails de cette insurrection, Dion Cassius, l. VIII,
32 ; Eusèbe, *Hist. eccles.*, IV, 2 ; Appian, *Bell. civ.*, II, 30 ; Spartian. Adrian.
5 ; Barhebræus, *Chron. Syr.*, p. 54.

Cyrénéens qu'il commença son invasion de la Mauritanie.
Cette lutte et cette soumission eurent lieu dans les deux
dernières années du règne de Trajan (115-117).

V

A part ces quelques mouvements des Juifs en Afrique,
que Rome réprimait vigoureusement et promptement, leur
état dans l'empire romain et particulièrement en Afrique
était assez heureux et paisible. Ils pouvaient s'adonner à
toutes sortes d'industries et au commerce, sans être troublés ni empêchés par le gouvernement. L'étude de la
religion et de la casuistique était même assez répandue
parmi eux, et nous trouvons plusieurs rabbins carthagi-
nois cités comme des autorités dans le Talmud, tant dans
celui de Babylone que dans celui de Jérusalem. Ce sont
particulièrement *Rab Chanina* ou *Chana*, *R. Ada*, *R. Acha*,
R. Aba et *R. Isaac* (1). Ces docteurs de la loi vivaient tous
vers la fin du IIIe siècle.

Une autre preuve de la situation prospère des Juifs
en Afrique, c'est ce qu'en disent les Pères de l'Église
et les efforts qu'ils font pour empêcher les chrétiens
d'avoir des relations avec eux. Ainsi, Tertullien (à la

(1) V. Talm. Jerus., *Beça*, ch. III, *Schabbat*, ch. XVI et XXIII, *Berachoth*, IV,
Demaï, V ; Talm. Babyl , *Jebamoth*, 10, a; *Sanhédrin*, 92, a; *Baba Kama*,
114, b; *Kelouboth*, 27, b; *Berachoth*, 29, a.
Il est vrai que, pour les quatre premiers noms, certains auteurs supposent
qu'il s'est glissé quelque erreur, et qu'il ne faut y voir qu'un seul et même
docteur. V. *Seder Hadoroth*, p. 68, d, 72, b, 75, a, 99, a.

2

fin du IIe siècle et au commencement du IIIe), compose
son célèbre ouvrage, l'*Apologétique*, principalement contre les Juifs, et cite à leur charge un fait qui se serait
passé à Carthage à l'époque même où il rédige son
livre (1). Un artiste aurait fait et exposé une peinture, ou
plutôt une caricature, qui représentait un homme aux
oreilles d'âne, vêtu d'une toge et tenant sous son pied
un livre avec cette inscription : *Deus Christianorum Ono-
cœtes*. Et, dit d'un autre côté Tertullien (2), le peuple crut
reconnaître dans cette peinture l'œuvre d'un Juif. Ce Père
de l'Église se plaint encore (3) de ce que les Juifs ont la
liberté de lire publiquement leurs livres ; il s'indigne et
s'élève fortement contre les chrétiens, qui ont l'habitude
d'aller les entendre le jour de sabbat.

Si nous consultons les conciles auxquels ont pris part
les Églises d'Afrique, nous trouverons les mêmes efforts
pour empêcher toutes relations des chrétiens avec les
Juifs. Le concile d'Elvire défendait de solliciter la béné-
diction des Rabbins pour appeler l'abondance des mois-
sons et la fertilité des champs.

Les conciles de Laodicée et de Carthage interdisaient
de recevoir le moindre présent des Juifs, et d'avoir avec
eux les rapports les plus innocents. Cependant les évêques
ne devaient point fermer aux Juifs la porte des églises.
« Ceux-ci, était-il dit, assisteront à la lecture de l'Évan-
» gile et aux instructions des prêtres ; mais, lorsque ap-
» prochera l'heure de la *messe* des catéchumènes, et qu'on
» préparera la célébration des mystères, les agapes et le

(1) Tertullien, *Apolog.*, ch. XVI ; Morcelli, *Africa Christiana*, ad an. 197.
(2) Tertullien, *Ad Nat.*, l. I, ch. XIV ; Morcelli, ibid.
(3) Tertullien, *Apolog.*, ch. XVIII.

» pain de l'Eucharistie, alors on les éloignera, afin qu'ils
» ne puissent souiller par leur présence les pompes de
» l'Église et révéler ses rites secrets. »

Enfin, le concile de Nicée étend plus loin les défenses
de l'Église : « Les clercs et les laïques ne pourront man-
» ger avec les Juifs (1). »

VI

Pendant que l'Église chrétienne, à mesure qu'elle triom-
phait, lançait ses prohibitions et ses foudres contre la
Synagogue, la législation romaine et la conduite des empereurs demeuraient toujours bienveillantes ; ce ne fut
que peu à peu qu'elles se transformèrent en rigueurs.
Lorsque le christianisme monta sur le trône avec Constantin, ses premiers actes eurent principalement pour
but de les attirer à la foi chrétienne, sans toutefois cesser de leur conserver leurs priviléges dans tout l'empire
romain. Si, d'après les lois de Constantin, les néophytes
jouissent de divers priviléges ; si les dignités de l'Etat
viennent réchauffer le zèle assez tiède des Juifs pour apostasier ; si on punit sévèrement ceux qui s'opposent à la
conversion volontaire de leurs frères, d'un autre côté, il
est défendu de citer les Juifs pendant les fêtes religieuses

(1) V. Labbe, Collect. magn. concil., t. I et II.
On sait que le concile d'Elvire (circa an. 313) est, aux yeux des théolo-
giens, plutôt un recueil de canons des Eglises d'Espagne et d'Afrique, qu'un
concile proprement dit.
Celui de Laodicée (320) fut en partie composé des évêques d'Afrique.
Quant à celui de Nicée (325), c'est le premier concile général.

et les jours de sabbat ; comme les autres citoyens, ils sont soumis aux charges de la curie ; ils ne doivent être ni inquiétés ni troublés dans leur culte ; ils peuvent même posséder des esclaves chrétiens, pourvu qu'ils ne les soumettent en aucune manière à la circoncision ou aux autres pratiques juives (1).

Mais lorsque le règne de Constantin fut bien affermi, il devint plus hardi dans sa conduite envers les autres religions. A la fin de son règne et « par ses ordres, des
» officiers du palais parcoururent les provinces, et, tandis
» que la hache impitoyable ne respectait ni les temples
» des dieux, ni les bois sacrés des païens, la plupart des
» synagogues d'Alexandrie, de Rome et de Carthage fu-
» rent livrées au zèle fanatique des chrétiens, qui, excités
» par les prédications passionnées de leurs évêques, ren-
» versaient les murailles des oratoires et des synagogues
» longtemps témoins des prières et des cérémonies d'Is-
» raël (2). »

Les lois de Constance, successeur de Constantin, sont encore plus sévères. Il défend les mariages entre Juifs et chrétiens. Les Juifs ne peuvent plus avoir d'esclaves chrétiens ; et celui qui, fuyant les autels de Jésus-Christ, va prier dans la synagogue, est puni par la confiscation et privé de la faculté de disposer de ses biens par un testament.

Enfin, nous voyons dans les œuvres de saint Augustin (fin du IVe siècle et commencement du Ve), plusieurs traces de cette persévérance hostile de l'Église africaine

---

(1) Cod. Theod., tit. VIII, *De Judæis et cœlicolis.*

(2) Capefigue, *Hist. philos. des Juifs,* ouvrage couronné par l'Institut, p. 330 ; Eusèbe, *De vitâ Constant.,* l. III.

contre les Juifs. Ce Père de l'Église semble parler avec un grand dépit, lorsqu'il dit que, « sous l'empire de Né-
» ron, les Juifs étaient reçus dans toutes les terres de
» l'empire, et que les vaincus avaient donné la loi aux
» vainqueurs (1). » Il composa même un ouvrage spécialement consacré à sa polémique contre les Juifs. Dans ce
travail, intitulé : *Altercatio Ecclesiæ et Synagogæ*, nous
trouvons un passage qui peint admirablement l'état des
Juifs de l'Afrique au commencement du Ve siècle :

« Je ne suis, dit la Synagogue, ni esclave ni servante
» des chrétiens, puisque mes fils ne sont pas faits pri-
» sonniers, puisque, au lieu de leur faire porter les fers
» et les autres marques de servitude, on leur laisse la
» liberté de naviguer et d'exercer leur commerce.

» — Tu es obligée, répond l'Église, de payer le tribut
» aux chrétiens ; un Juif ne peut prétendre à l'empire,
» ni devenir comte ou gouverneur de province ; il ne
» peut entrer dans le sénat, ni faire partie de la milice.
» On ne le reçoit pas même aux bonnes tables ; et s'il
» conserve le moyen de gagner sa vie, c'est uniquement
» pour l'empêcher de mourir de faim (2). »

D'après cela, saint Augustin dut voir avec regret, sur
la fin de ses jours, la liberté d'exercer publiquement le
culte juif, accordée par les Vandales qui s'emparèrent de
l'Afrique, et qui, partisans du schisme d'Arius, faisaient
plus la guerre aux chrétiens qu'aux Juifs. Aussi, pendant
toute la durée de la domination vandale en Afrique, pendant un siècle environ, les Juifs jouirent de toute la tolérance possible pour l'exercice de leur religion ; et, en

(1) *De Civitate*, l. VI, ch. xi.
(2) *Altercatio Eccles. et Synag.*, append.

payant un impôt, ils purent en toute liberté s'adonner au
commerce et à l'industrie, sans aucune restriction, sans
aucune crainte. Mais, dès que l'Afrique retomba sous le
pouvoir des empereurs, les persécutions religieuses contre les Juifs recommencèrent. Les lois dures et sévères
de Justinien durent être mises à exécution en Afrique,
aussi bien qu'elles l'étaient dans tout le reste de l'empire
byzantin. Aussi, dès le 1er août 535, Salomon, qui avait
remplacé Bélisaire dans le commandement de l'Afrique,
recevait les ordres de l'empereur, où, entre autres, se
trouvait celui de retirer aux propriétaires toutes les synagogues, aussi bien que les églises des Ariens et les
temples des païens, et de les approprier au service du
culte chrétien (1). On cherchait autant que possible à les
empêcher de pratiquer leur religion publiquement, et un
grand nombre de défenses et de restrictions étaient, dans
ce but, apportées à l'exercice de leur culte. Cependant on
n'alla pas jusqu'à employer la force pour les obliger à se
convertir, comme on l'avait fait à l'égard des Samaritains.
Une seule ville, à l'extrémité de la Pentapole, tout près
des Syrtes, Borion, fut contrainte d'embrasser le christianisme. Les Juifs qui habitaient cette ville faisaient remonter leur arrivée dans le pays à l'époque du roi Salomon,
et attribuaient même à ce roi la construction de leur synagogue ; aussi bien que les autres habitants de la cité,
ils avaient toujours vécu libres et indépendants, sans
payer d'impôt ; « et il n'y était jamais entré, dit Procope,
aucun officier de finances ni percepteur de taxes, tant
sous la domination romaine que sous celle des Vanda-

(1) Nouvelles de Justinien, XXXVII.

les (1) ». Il faut, sans doute, que cette ville ait fait une ré-
sistance bien vigoureuse à la marche de Bélisaire, pour
qu'on l'ait obligée, seule dans toute l'Afrique, à embrasser
le christianisme. Les temples païens et les synagogues furent convertis en églises chrétiennes.

VII

A partir du moment où les indigènes commencèrent à
lutter contre les Byzantins, jusqu'au moment de l'arrivée
des musulmans dans le nord de l'Afrique, nous n'avons
aucun renseignement précis sur la situation des Juifs dans
le pays et sur leurs relations avec les tribus qui l'occu-
paient. On a prétendu que leur nombre avait considérablement diminué pendant ce laps de temps. Cependant il
n'en serait rien, si nous en croyions un chroniqueur
arabe : au contraire, leur nombre se serait accru par l'arrivée d'une partie de la population juive de Khaïbar, qui,
lorsque Mahomet s'empara de cette ville en 628, l'avait
sans doute abandonnée pour ne pas apostasier. L'ouvrage
manuscrit du chroniqueur arabe dont nous parlons est
intitulé : *Kitab el-adouani* (كتاب العدواني) (2), et

_____

(1) Procope, *De ædificiis*, VI, 2.

(2) Ce manuscrit, inédit encore, a été envoyé par Si Ali bey, caïd de Tuggurt, à M. Féraud, secrétaire de notre Société, qui doit le publier prochaine-
ment, et qui, avec son obligeance habituelle, a bien voulu nous le communiquer et nous autoriser à prendre les extraits que nous donnons ici. Cet
ouvrage, dont l'exemplaire en question n'est qu'une copie récente, doit
avoir été composé à une époque assez reculée, qu'il ne nous est pas possible
de préciser. Sa rédaction prouve que, comme celui de Kaïrouani, il est simplement un recueil des légendes et des traditions qui étaient répandues à
cette époque parmi les Arabes du pays. Il cite, d'ailleurs, assez souvent, les
personnes de qui il tient ses renseignements.

traite surtout de l'origine des peuples habitant l'Ifrikiah, ou la partie de l'Afrique depuis Bougie jusqu'à l'Égypte. L'auteur, à plusieurs reprises, attribue à des peuplades entières et à de grandes fractions de population une origine exclusivement juive. Voici quelques extraits de ce manuscrit concernant les Juifs :

« Les gens de Tripoli ou Khem الخم et leurs alliés
» étaient Juifs . . . .
» . . . .
» Les gens du Sahara descendent de Adjoudj ben Tikran
» le Juif اجوج بن طفران اليهودى (1). Ils habitaient
» jadis Khaïbar : c'est ce que m'a raconté Salem ben
» Adman. . . . .
» . . . .
» La force des ksour du Sahara consistait dans les
» chevaux ; ils étaient Juifs, des Beni Abd ed-Dar. . .
» . . . .
» Tous ceux d'entre les Juifs, les Cophtes et les chré-
» tiens qui embrassèrent la religion musulmane, devinrent

(1) Il est probable que ces peuples sont ceux que l'on désigne aujourd'hui sous le nom de TOUAREG, convertis depuis à l'Islam et qui font la guerre sainte aux Nègres ; car El-Kaïrouani (p. 174 de la traduction Pélissier et Rémusat) dit que « le premier qui régna dans le pays des Touaregs, dans le « désert, fut Biouloutan ben Tiklan. » En rapprochant de cette tradition celle que donne le *Roudh el-Kartas*, nous les trouvons presque identiques « Le premier, y est-il dit, qui régna au désert fut Tioutan ben Tyklan le « Senhadja, le Lemtouna ; il gouvernait tout le Sahara. » (Trad. Beaumier, p. 164). Un peu plus loin, l'auteur ajoute que les tribus qui habitaient les environs de la ville de Teklessin (dans le désert) étaient arabes et pratiquaient la religion juive ; que Teklessin est habitée par la tribu Senhadja des Beni Ouarith, qui sont gens de bien et suivent la Souna, qui leur fut apportée par Okba ben Talah el-Fehery, à l'époque de sa venue dans le Maghreb. (Ibid., p. 165).

» les alliés des Koréïschites, surtout des Beni Hachem. .

» . . . .

» Les ksour de Frikiah, en long et en large, étaient
» habités par des Juifs et des chrétiens soumis aux Beni
» Hachem . . . .

» . . . .

» Quand les Troud s'établirent à Souf, il y existait des
» *redir* (cavités pleines d'eau) du Nil. — Il y avait là des
» gens descendant du roi David (sur lui soit le salut!). .

» . . . . »

Nous trouvons d'ailleurs, dans un autre ouvrage arabe,
un fait qui prouverait assez que le nombre des Juifs n'a-
vait pas diminué en Afrique. « J'ai entendu dire, raconte
» El-Kaïrouani (1), qu'un Juif avait jadis commandé à
» Ben Zert (Bizerte). Plus tard, lorsque cette ville eut été
» réduite sous le joug, les habitants des environs, pour
» la punir de l'insolence qu'elle avait montrée au temps
» de sa prospérité, choisirent le samedi pour jour du
» marché, *afin que les citadins ne pussent y faire leurs*
» *approvisionnements.* »

Ce fait par lui-même, et les derniers mots surtout,
prouvent que la majeure partie des habitants de Bizerte,
à l'époque de l'arrivée des musulmans en Afrique, appartenait à la religion juive.

Enfin, durant ce laps de temps, il y eut plusieurs immigrations de Juifs des autres pays, particulièrement celle
de 612 ou 613, lorsque Sisebut, roi des Goths, s'empara
d'un grand nombre de villes romaines en Espagne et en
chassa tous les Juifs, qui se retirèrent alors sur les côtes
d'Afrique.

(1) El-Kaïrouani, trad. Pelissier et Remusat, p. 42.

VIII

Dès l'arrivée des Arabes en Afrique, les Juifs qui habitaient le pays, eurent toute liberté pour l'exercice de leur culte ; d'autant plus qu'un grand nombre de leurs coréligionnaires d'Arabie accompagnaient l'armée d'invasion et élisaient domicile dans les différentes villes conquises. Sous les premiers gouverneurs arabes, lieutenants des khalifes en Afrique, ils purent demeurer paisibles et tranquilles, et exercer toutes sortes d'industries et de commerces. Nous les trouvons traités à peu près sur le même pied que les Arabes aux temps de Moaviah ben Hodeïdj, d'Okbah ben Nafé, de Hassan ben el-Noman, de Moussa ben Nossaïr, de Mohammed ben Yezid, de Yezid ben 'Ali Moslem et des autres gouverneurs. — Ils purent aussi s'adonner en toute liberté à l'étude de leur religion et de toutes les autres sciences. Aussi, à peine Kaïrouan fut-elle fondée, qu'elle devint le centre d'un grand mouvement intellectuel parmi les Juifs, et le siége d'une école très-célèbre de médecins, de grammairiens et d'autres savants. C'est ainsi que nous trouvons deux célèbres médecins portant le même nom, Ishaq ben Amram (probablement le grand-père et le petit-fils), attachés à la personne de Ziadet Allah I et à celle de Ziadet Allah III. Celui qui vécut sous ce dernier prince est surtout célèbre comme fondateur de la fameuse école de médecine de Kaïrouan, et attira à ses leçons de nombreux élèves des pays les plus éloignés. Il est cité avec beaucoup d'éloges par les auteurs arabes, et a une belle page dans les dictionnaires

des médecins célèbres d'Ibn Abi Osaïbi et de Léon l'A-
fricain. A la mort de ce médecin, son disciple, Ishaq ben
Suleïman Israéli lui succéda à la cour de Ziadet Allah III,
dernier prince des Aghlabites, et fut aussi attaché à la
personne d'Abou Abd Allah, fondateur de la dynastie des
Obéïdites ou Fathimites [on prétend même que ce prince
était le fils d'une femme juive (1).] « Sa mort, dit M. Cher-
» bonneau, fut causée par une potion de colchique éphé-
» mère. Un Juif, nommé Isaac (c'est notre médecin Ishaq
» ben Suleïman Israéli), l'en dissuadait en lui disant qu'a-
» près le repos que ce breuvage lui procurerait, les dou-
» leurs devaient redoubler et l'emporter au tombeau. Il
» refusa de le croire, et la mort succéda au calme qu'il
» avait obtenu (2). »

Quelques auteurs prétendent que ce médecin vivait encore sous le règne du troisième prince Fathimite Ismael
al-Mançour, et qu'il fut le médecin de ce prince (3). Ibn
Abi Osaïbi dit, en effet, que ce médecin aurait dépassé
l'âge de cent ans (4). Ishaq ben Suleïman eut une école
très-suivie, et de nombreux disciples lui durent leur ins-
truction, entre autres une des plus grandes autorités médicales arabes, Abou Djaffar Ibn Adjezzar. Il composa un
grand nombre d'ouvrages de médecine en arabe (5), et

(1) V. Abulféda, *Ann. moslem.*, ed. Reiske, I, 231.

(2) *Journ. asiat.*, an. 1855, p. 541.

(3) Ibn Alathir et Ibn Khaldoun, cités par M. Munk, dans sa *Notice sur Ibn Djannah et quelques grammairiens du X⁰ siècle*, etc., p. 44.

(4) Ibn Abi Osaïbi, ch. XIII, 2.

(5) V. Carmoly, *Histoire des médecins juifs*, qui cite :

1° *Traité des fièvres;*

2° *Traité des médicaments simples et des aliments;*

presque tous sur la demande du prince Abou Abd Allah. On regarde son *Traité des fièvres* comme supérieur à tout ce qui avait été fait jusqu'à lui, et aussi comme le meilleur de ses ouvrages. Lui-même en avait cette opinion, car, des amis lui ayant fait des reproches de ce qu'il ne se mariait pas et de ce que, par suite, son nom ne serait pas perpétué, il leur répondit que ses ouvrages de médecine, et particulièrement le *Traité des fièvres,* conserveraient mieux sa mémoire que ne le feraient des enfants. Ses ouvrages furent, en effet, traduits en hébreu, en latin et en espagnol. Sept de ces traités, traduits par le moine bénédictin Constantin, de Carthage, au milieu du XIe siècle, ont été publiés à Leyde en 1515-16, avec le titre d'*Opera Isaci.* L'éditeur reproche à Constantin de s'être approprié plusieurs autres travaux de ce médecin qu'il n'avait fait que traduire. On sait, en effet, que le célèbre *Viatique de Constantin,* sur lequel Gérard de Solo fit un commentaire, n'est autre qu'un cours pratique sur presque toutes les

3° *Traité des aliments et des remèdes ;*
4° *Traité de l'urine ;*
5° *Introduction à la médecine ;*
6° *Traité du pouls ;*
7° *Traité de la thériaque ;*
8° *Traité de l'hydropisie.*

Les quatre premiers sont cités dans le *Dictionnaire des Savants* de Zanah ben Ahmed el-Kurthubi :

كتاب الحميات
كتاب الاستقصاءات
كتاب اغذيات
كتاب البول

maladies composé par Ishaq ben Suleïman Israéli (1). Il fit aussi plusieurs ouvrages de philosophie et de logique (2) et un commentaire sur le premier chapitre de la Genèse, assez renommé et souvent cité, mais dont il n'existe plus que quelques fragments.

IX

Pendant que les Aglhabites régnaient sur la partie de l'Afrique qui s'étend depuis Tlemsen jusqu'aux confins de la Tripolitaine, la dynastie des Édrissites s'établissait dans l'ouest du Maghreb ou Maghreb el-Aqsa. Édris, dès qu'il fut proclamé émir, persécuta les Juifs et les chrétiens, qui, au dire d'Abul'Hassan (3), étaient fort nombreux dans ce pays, et les força à embrasser l'islamisme ; puis il chercha à s'emparer de ceux qui se trouvaient en Mauritanie. Là, Juifs et chrétiens occupèrent des forteresses et des châteaux-forts, et tentèrent de résister à l'émir ; mais ils furent vaincus et forcés de se convertir. Ceux qui ne voulurent pas accepter l'islamisme furent en partie tués, en partie jetés en prison.

(1) Carmoly, ibid,

(2) Carmoly, ib. On cite de lui :
Traité des éléments ;
Traité des définitions et des prescriptions ;
Traité de la philosophie ;
Le Jardin de la philosophie ;
Introduction à la logique.
V. aussi Munk, *Notice sur Ibn Djannah,* etc., l. c.

(3) Abul'Hassan, *Hist. des rois de Mauritanie,* trad. Dombay. Agram, 1794, t. I, p. 18.

Lorsqu'on fonda la ville de Fez, qui devint la capitale des Édrissites, comme Kaïrouan fut celle des Aghlabites, le prince accorda des quartiers dans la nouvelle cité aux différentes nationalités. Il donna aux Juifs la permission de s'établir dans la ville, et leur assigna le quartier *Aglun* ou *Aghlen*, jusqu'à la porte Hisn Sadou. Sa générosité en cette circonstance n'était pas tout à fait désintéressée, car il leur imposa une redevance annuelle assez lourde, qui ne pouvait pas être moindre de trente mille dinars (1).

Fez devint, pour les Juifs de cette partie de l'Afrique septentrionale, un autre centre, où de brillantes écoles s'établirent et d'où sortirent un grand nombre de savants et de rabbins, qui firent connaître le nom de cette ville dans le monde israélite.

C'est dans le royaume d'Édris que vécut le grammairien Iehouda ben Karisch, né à Tahort, au Maroc (peut-être bien Tiaret). Il fut le premier grammairien qui appliqua à l'étude de la langue hébraïque la comparaison des autres langues. Il fit de nombreux rapprochements avec l'arabe, l'araméen, le persan et même le berbère (2). Il adressa à la communauté juive de Fez une lettre dans laquelle il recommande l'étude de l'araméen ; il y explique plusieurs mots difficiles de la Bible par des racines berbères et arabes (3), et cite un certain nombre de passages du Coran.

(1) Ibid., p. 52; *Roudh el-Kartas*, trad. Beaumier, p. 55.

(2) On cite de cet auteur le *Livre de relations* ou *de rapports*. V. Munk, notice déjà citée, p. 60.

(3) V. quelques fragments donnés par Schnurrer dans *Allgemeine Bibliothek der biblischen Litteratur* d'Eichhorn, IIIᵉ année, p. 951-980. L'abbé Bargès et Goldberg ont publié cette lettre en entier. Paris, 1857.

X

Au temps d'Ishaq ben Suleïman, un prince juif, qui avait occupé à Bagdad la dignité de *prince de la captivité*, et qui, prétendait-on, descendait de la famille du roi David, Oukbah, ayant eu quelques démêlés avec un des chefs d'académie du nom de Cohen Cédeq, fut forcé, malgré sa haute position, de quitter Bagdad et d'aller en exil, parce que son adversaire avait trouvé de hautes protections auprès du khalife Al-Mouctadir. Oukbah (1) vint à Kaïrouan, où il fut reçu avec les plus grands honneurs et avec un bien vif plaisir. On le regarda comme prince et on l'accepta comme chef; on lui donna dans la synagogue un fauteuil à part et en évidence, un trône en quelque sorte, honneur exceptionnel qu'on ne rendait même pas au plus grand rabbin.

A la fin du IXe siècle, il arriva à Kaïrouan un voyageur nommé Eldad, qui se disait descendant de la tribu de Dan (une des dix tribus du royaume d'Israël transplantée

(1) Une tradition fort répandue parmi les Israélites de l'Afrique fait remonter à ce prince juif le nom donné à la ville de Sidi-Okba, près de Biskra. Une autre tradition dit aussi que l'un des marabouts les plus vénérés et les plus célèbres de l'Afrique, Si Abd el-Kader el-Djelali, ne serait autre que le célèbre talmudiste Rabbi José ha-Galili (le Galiléen). Nous ne connaissons d'autre base à ces traditions qu'une certaine ressemblance dans les noms; mais, ce qui est certain, c'est que le tombeau d'Oukbah, qui existait, et qui existe sans doute encore, à Kaïrouan, est regardé par les Arabes comme celui d'un marabout vénérable. L'ancien cimetière israélite de cette ville, inabordable aujourd'hui à tout non-musulman, est un lieu sacré pour les Arabes.

Le tombeau d'Okbah est a Sidi Okbah près Biskra et non à Kairouan.

par Sennachérib). Il racontait des merveilles du pays qu'habitaient ces dix tribus exilées, et ne parlait que la langue hébraïque. Il voulait enseigner certaines questions rituéliques et casuistiques d'après un Talmud qui différait du Talmud connu et enseigné à Kaïrouan. Aussi les Juifs de cette ville, mis en éveil contre Eldad par les choses étranges qu'il racontait, écrivirent-ils au Gaon Cémach ben Chaïm, chef d'école à Soura (Babylonie). — Dans ce temps, c'était aux écoles de Babylonie qu'on en référait pour toutes les questions théologiques difficiles à résoudre ; car, bien que, depuis l'arrivée d'Oukbah à Kaïrouan, on se fût appliqué à l'étude du Talmud, on n'était pas encore assez instruit dans cette science pour se suffire, et on avait recours, pour les cas ardus, aux écoles de la Babylonie, où avait été composé le Talmud et où, depuis la clôture de ce code, on n'avait cessé de l'étudier et de le commenter. — La réponse que fit le Gaon Cémach, qui ne connaissait Eldad que par ouï-dire, et sa doctrine que par la lettre de la communauté de Kaïrouan, était assez évasive et permettait de ne pas regarder cet Eldad comme un imposteur. De cette ville, Eldad, parcourant sans doute les communautés juives de l'Afrique, se rendit à Tahort, au Maroc, où nous le retrouvons un peu plus tard, et où il eut des relations avec le célèbre Iehouda ben Karîsch, qui, paraîtrait-il, aurait subi en quelque sorte son influence. Cet Eldad, dit-on, était un missionnaire caraïte, et il aurait entraîné Iehouda ben Karîsch à sa doctrine. C'est, du moins, ce que prétendent certains auteurs caraïtes, qui le réclament comme un des leurs. Les quelques passages de sa *Lettre à la communauté de Fez*, où la critique moderne croit voir des traces de la doctrine caraïte, ne prouvent cependant rien : d'abord, il se peut qu'il y ait là quelques interpolations; ensuite, ses paroles contre le Talmud ne prouvent nullement qu'il eût cessé d'être *rabbanite*.

Cela nous amène à constater qu'aux IXe et Xe siécles, ontrouve d'assez nombreuses communautés caraïtes dans l'Afrique septentrionale, à Kaïrouan, à Fez, à Tahort, à Darah, à Segelmessa, etc. Plusieurs savants caraïtes, originaires de ce pays, se sont distingués parmi leurs coréligionnaires : tels sont Adonim ben Massimas ha-Levy, de Darah, et son fils, Moïse, tous deux fort instruits en langue hébraïque et auteurs de poésies, dont quelques-unes ont été conservées dans les livres caraïtes. Moïse Darah, ou Daraï, composa plusieurs ouvrages sur la langue hébraïque et fut aussi médecin distingué. Il quitta Darah et Fez, voyagea en Orient, visita Jérusalem, Damas, et s'arrêta enfin en Égypte. Un peu plus tard, nous trouvons encore Suleïman Daoud ben Ibrahim al-Fassi (de Fez), auteur d'un des premiers dictionnaires hébreux et de quelques autres travaux de linguistique, ainsi que son frère Moïse ben Ibrahim al-Fassi. On suppose encore que Ali ben Suleïman, célèbre auteur caraïte et lexicographe du commencement du XIe siècle, était originaire de Fez (1).

XI

A la mort d'Ishaq ben Suleïman, son disciple Abou Sahal Dounash (Adonim) ben Tamim devint le médecin du khalife fathimite Ismaïl ben al-Kayïm al-Mançour. Ses

(1) V. J. Furst Geschichte des Karæerthums. Leips., 1865, ch. IV, p. 113-122.

relations avec son maître eurent la plus grande influence sur ses études, et il se distingua dans toutes les branches. Il fit différents ouvrages de théologie, de philosophie, de sciences exactes et de médecine (1). Les Arabes estiment beaucoup cet auteur et le revendiquent comme un des leurs, en disant qu'il avait embrassé l'islamisme. Mais tout fait supposer qu'il resta fidèle à la religion de ses pères ; car c'est à la fin de sa vie seulement qu'il put dédier un ouvrage astronomique à Hasdaï ben Ishaq, qui était vizir des khalifes Abd el-Rahman et El-Hakem.

Dans la seconde moitié du Xe siècle, la communauté de Kaïrouan se distingua aussi dans les études théologiques juives par l'arrivée inopinée du rabbin *Chuschiel.* — Un corsaire arabe, commandé, selon toutes probabilités, par l'amiral maure Ibn Rumahis, captura un vaisseau sur les côtes d'Italie, près de Bari (2). Tous les passagers furent

(1) Munk, dans sa savante notice sur Ibn Djannah, cite de lui les ouvrages suivants (p. 50-58) :

1° Un traité sur le calcul indien, حساب الغبار ,

2° Un traité astronomique en trois parties qu'il envoya à Abou Youssouf Chasdaï ben Ishaq, à Cordoue ;

3° Un grand ouvrage d'astronomie dédié au khalife Ismaïl ben al-Kayïm al-Mançour ;

4° Un ou deux ouvrages de physique ou de métaphysique,

5° Plusieurs ouvrages de médecine, et en particulier un travail sur les médicaments simples, cité par Ibn Beïtar, *Dict. des médicaments simples,* art. ورد ROSE ;

Enfin, différents travaux sur la langue hébraïque, dans lesquels il fait souvent des rapprochements de l'arabe avec l'hébreu.

(2) *Sépher ha-Kabbalah* d'Abraham ibn Daoud, éd. d'Amsterdam, p. 41, b. et suiv.

faits prisonniers, et parmi eux se trouvaient quatre rabbins distingués de Babylone, qui furent successivement rachetés par les communautés juives de Cordoue, d'Égypte et de Kaïrouan. (On suppose que le quatrième fut mené à Narbonne). — Celui qui fut racheté à Kaïrouan s'appelait Chuschiel, et montra de suite une érudition peu ordinaire dans les études casuistiques. La communauté, heureuse de n'avoir plus besoin d'en référer, pour chaque cas de conscience, aux académies de Babylone, le plaça immédiatement à sa tête, avec le titre de *Resch Kalah*, ou simplement *Rosch* (chef). De son temps, vivait aussi dans cette ville Jacob ben Nissim ibn Schahin, ou Schahun. Celui-ci était en relation épistolaire avec les chefs religieux de la Babylonie, Scherira et Haï. C'est à lui qu'est adressée la célèbre *Lettre de Scherira Gaon*, relative à l'historique et à la nomenclature des rabbins de la Mischna, du Talmud et de leurs successeurs jusqu'à son époque. On attribue au rabbin Jacob un commentaire sur le livre intitulé : *Sépher Yecirah*, et traitant de la création du monde (1).

Nous trouvons à cette époque un rabbin célèbre de l'Espagne, Joseph ben Ishaq ibn Abitur, arrivant en Afrique, forcé qu'il était par le khalife El-Hakem d'abandonner son pays natal, à la suite de rivalités religieuses et d'une lutte soutenue contre un autre rabbin, Chanoch ben Mosché, que les communautés espagnoles préféraient. Joseph parcourut le Maghreb, toute l'Afrique et l'Égypte, sans pouvoir se décider à établir sa résidence dans aucune ville du pays, et alla jusqu'en Babylonie. De nombreuses poésies hébraïques de ce rabbin ont été conservées dans

---

(1) Munk, *Notice*, etc., p. 45.

le Rituel de l'Afrique, notamment une des plus belles prières, qu'on récite le jour de Kippour, et sur laquelle, plus tard, le rabbin le plus célèbre d'Alger (Simon Duran) fit un commentaire (1).

A la mort de Chuschiel et de Jacob ben Nissim, leurs fils les remplacèrent dans la haute direction des études religieuses à Kaïrouan : Chananel, fils de Chuschiel, et Nissim, fils de Jacob ibn Schabin, devinrent les chefs de l'école de cette ville. On ne sait pas au juste quel fut celui qui se trouvait véritablement à la tête de la communauté. D'après ce que l'on peut comprendre du récit d'un chroniqueur juif (2), il y eut une espèce de rivalité ou de jalousie entre ces deux rabbins ; et cependant, presque toujours leurs opinions sont citées ensemble comme conformes et faisant autorité. La jalousie entre eux se comprend assez bien ; car l'un, R. Chananel, était étranger à la ville et possédait une grande fortune, tandis que l'autre, dont les ancêtres habitaient depuis longtemps Kaïrouan, était dans un état voisin de la pauvreté. Mais la réputation de ce dernier le mit en correspondance avec Samuel ha-Levy ben Nagdilah, chef des Juifs et ministre du roi de Grenade, qui maria son fils et son successeur, Joseph, avec la fille de R. Nissim. Ce rabbin est auteur d'une introduction à l'étude du Talmud intitulée *Maftéach* (clef), dont une partie seulement a été publiée récemment (3). On cite encore de lui différents ouvrages dont

(1) *Barouch ascher ischech*. Le commentaire du Taschbez a été publié dans *Chefes Matmonim*, p. 87.

(2) *Sépher ha-Kabbalah* d'Abraham ibn Daud.

(3) *Maftéach*, publié par Goldenthal, Vienne, 1847.

on ne connaît que les noms (1). Son contemporain Chananel fit aussi différents ouvrages qui ne sont pas par-
venus jusqu'à nous (2).

A la mort de ces rabbins, la science talmudique perdit
son éclat à Kaïrouan. Les derniers représentants de ces
études en Afrique furent les Beni Zogmar à El-Mahediah
et Rabbi Salomon ben Formes à Kalaah ibn Hammad (3);
mais ils n'eurent aucune célébrité. Cependant, de cette
dernière école sortit un rabbin qui, forcé de quitter le
Maroc par suite d'une dénonciation, alla en Espagne, où
il acquit une grande célébrité et devint une des lumières
du Judaïsme espagnol. Nous voulons parler du rabbin
Ishaq ben Jacob al-Fassi (de Fez), auteur du plus célèbre
Résumé du Talmud.

XII

Nous devons aussi mentionner quelques persécutions
contre les Juifs et les chrétiens, qui n'atteignirent pas, à
la vérité, ceux de l'Afrique; mais les règlements vexatoires, faits dans ces circonstances, eurent leur application
dans tous les pays musulmans. Sous le khalifat de Mota-
wakel, dixième khalife Abasside, les Juifs et les chrétiens
virent renouveler les ordonnances intolérantes d'Omar. Ce

(1) Entre autres un travail sur le rituel et le droit civil, *Megillath Se-
tarim.*

(2) On cite de lui un commentaire (*Perousch*) sur le Talmud et un travail
sur certains points casuistiques (*Miksooth*).

(3) *Sépher ha-Kabbalah* d'Abraham ibn Daud, éd. Amst., p. 44.

prince, au commencement de son règne, voulut les forcer à embrasser l'islamisme (849) ; puis, voyant le peu de résultats de cette coercition, il fit différentes ordonnances par lesquelles il déclara les chrétiens et les Juifs incapables d'occuper aucun emploi public, et les soumit aux avanies les plus dures et les plus humiliantes. Il leur interdit l'usage des étriers, leur enjoignit de ne monter que sur des ânes ou des mulets, d'attacher aux portes de leurs habitations des figures de chiens ou de singes, et de porter des ceintures de cuir ; il leur défendit de s'habiller comme les fidèles musulmans et d'envoyer leurs enfants dans les écoles publiques des vrais croyants [850-857] (1).

Cette persécution, nous l'avons dit, n'atteignit ni les chrétiens ni les Juifs d'Afrique ; mais les règlements vexatoires qui en furent la conséquence se trouvèrent appliqués en Afrique et existèrent jusque sous le règne des Turcs, avec les modifications qu'apportèrent dans la suite de nouveaux règlements et de nouvelles persécutions.

Nous n'avons pas non plus de renseignements pour pouvoir déterminer jusqu'à quel point la persécution du khâlife Hakem, de la dynastie des Fathimites (1008-1020), atteignit les Juifs d'Afrique. Ce prince, s'en référant aux ordonnances d'Omar, voulut forcer tous les infidèles, chrétiens et Juifs, à embrasser l'islamisme ; mais, ne pouvant y parvenir, il ordonna aux Juifs de porter au cou des *figurines de veau*. Les Juifs, tout en se conformant à l'ordonnance de Hakem, surent en faire un objet de luxe

---

(1) V. *Arabie*, par Noël des Vergers, p. 446-447 ; — Mémoire d'Hammer sur l'administration des provinces arabes. Berlin, 1835, p. 26.

et portèrent ces figurines de veau en or ou en argent.
Comme le khalife vit que par cela on évitait le but qu'il
voulait atteindre, il ordonna aux chrétiens de suspendre
à leur cou des morceaux de bois pesant six livres environ.
Juifs et chrétiens devaient avoir à leurs vêtements des
sonnettes qui les feraient connaître au loin comme des
infidèles.

Un peu plus tard, Abou el-Kamel Temîm ben Zimour
ben Aby le Zenati, de la tribu d'Yfran, qui était émir de
tous les Beni Yfran, s'empara de Fez, après la défaite et
la fuite d'Hamâma (424 de l'hégire = 1032). Ce prince
persécuta les Juifs et en fit périr plus de six mille ; il
enleva aux autres leurs richesses et leurs femmes (1).

Sous les Almoravides (El-Morabetin), une grande persécution faillit atteindre les Juifs et les chrétiens de l'A-
frique. C'est au Maroc même que cette dynastie prit
naissance, et, dès le début, le fanatisme de cette secte la
rendit intolérante envers les dissidents. Youssouf ibn
Taschfin avait lu dans un théologien arabe que Mahomet
n'avait accordé aux Juifs la liberté d'exercer leur culte
qu'à la condition que le Messie, attendu par eux et qu'ils
disaient devoir arriver avant cinq siècles, le serait en
effet ; dans le cas où, passé cette époque, Dieu ne leur
aurait pas envoyé le Messie qu'ils espéraient, ils seraient
forcés d'accepter sa religion et de le reconnaître, lui
Mahomet, comme le dernier prophète et l'envoyé de Dieu.
Les Juifs, dit Ibn Taschfin, ont accepté cette condition, et
les cinq cents années de l'hégire sont sur le point d'expirer
(2 septembre 1106), sans que le Messie soit arrivé : il faut

(1) *Roudh el-Kartas*, trad. Beaumier, p. 150.

donc que les Juifs des États musulmans tiennent la promesse faite par leurs ancêtres et se convertissent à l'islamisme. La volonté du prince connue, les Juifs furent dans une angoisse terrible. Ils parvinrent cependant à conjurer cette persécution en versant entre les mains du vizir, Abdallah ibn Ali, une très-forte somme d'argent; mais cela ne les mit pas tout à fait à l'abri des tourments et de fréquents pillages (1).

Sous le règne de son successeur Ali (1107-1144), les Juifs vécurent assez paisibles et tranquilles, et purent être nommés percepteurs d'impôts (2). Pendant la vie de ce prince, un rabbin célèbre était à la tête de la communauté de Fez, Iehouda Ibn Abbas, qui fit quelques poésies estimées, et qui, par suite de la persécution du premier prince de la dynastie des Almohades, dont nous allons parler, fut forcé de quitter le pays pour ne pas apostasier. Il eut la douleur, sur la fin de ses jours, de voir son fils embrasser la religion musulmane.

Cependant, l'auteur du livre *Roudh el-Kartas* (3) rapporte que, sous le règne de ce prince, le docte Abou Abdallah Mohammed ben Daoud, cadi de la ville de Fez, voulut agrandir la mosquée d'El-Kaïrouan. « Comme il y » avait sur l'emplacement choisi un assez grand nombre » de maisons appartenant à des Juifs (que Dieu les maudisse!) qui refusaient de les vendre, on fit une juste » estimation de ces propriétés, on leur en compta la » valeur et on les chassa, conformément à une loi établie

(1) Conde, *Historia de la dominacion de los Arabes en Espana*, t. II, p. 195; Schaefer, *Hist. d'Espagne*, p. 380.
(2) Conde, ibid., p. 414.
(1) *Roudh el-Kartas*, trad. Beaumier, p. 75.

» par l'émir des musulmans Omar ben el-Khettâb (que
» Dieu l'agrée !), qui s'était trouvé dans un cas sembla-
» ble lorsqu'il voulut agrandir la mosquée sacrée de la
» Mecque. »

XIII

Abdallah ibn Tomrut ou Tumart, élève du célèbre Al-
Ghazali, fonda au Maroc une nouvelle secte religieuse
d'une grande austérité qui prit le nom d'*El-Mouaheddin*
(Almohades), parce que le fondateur lui-même se faisait
passer pour le *Mohdi*. Cette secte prit une importance considérable, et, attaquant l'autorité des Almoravides, elle s'empara bientôt du pouvoir. Lorsqu'après la prise de Maroc
(1146), les Almohades se trouvèrent entièrement maîtres
du gouvernement, Abd el-Moumen, leur prince, qui était
des plus fanatiques, reprit la thèse de Youssouf ibn
Taschfin à l'égard des Juifs. Il leur rappela, à son tour, la
promesse de se convertir, faite par leurs ancêtres à Mahomet, si, au bout de cinq cents années, leur Messie n'était
pas arrivé (promesse purement inventée par un théologien
musulman). Il dit aux Juifs qu'il ne voulait plus les tolé-
rer dans leur erreur, ni prélever sur les infidèles aucun
impôt; qu'il n'y avait que la conversion à l'islamisme qui
pût les sauver, et leur laissa le choix seulement entre ces
deux extrêmes : la croyance à Mahomet ou la mort. Cependant, il apporta bientôt un changement à son ordonnance trop exclusive, en leur permettant de s'expatrier,
à condition, toutefois, de ne pouvoir aliéner ni vendre les
biens dont le transport était impossible. Chaque ville dont

les Almohades s'emparèrent vit appliquer cette ordonnance inhumaine, qui s'étendait également aux chrétiens. Ceux-ci trouvèrent un refuge facile sur les côtes d'Espagne où régnait le christianisme; mais il n'en était pas ainsi des Juifs, qui, dans les pays chrétiens, éprouvaient au même moment les effets funestes et intolérants de la deuxième croisade, et ne trouvaient nulle part un refuge assuré. Aussi, il n'y eut qu'un petit nombre qui put profiter de cette permission de quitter le pays. Quelques-uns périrent martyrs de leur foi, ne trouvant pas l'occasion d'abandonner l'Afrique, et ne voulant pas, d'un autre côté, transiger avec leur conscience. On cite, entre autres, un rabbin célèbre nommé Jehouda Cohen ibn Sussan, de Fez. Mais la plupart des Juifs du pays, ayant pour unique ressource des biens qu'il ne leur était pas possible d'emporter, firent en public profession d'islamisme, tout en restant fidèles à la loi de Moïse dans l'intérieur de leurs demeures. Ils attendirent ainsi l'occasion de se défaire de leurs biens et la possibilité d'émigrer. — Cette feinte d'une autre croyance leur était assez facile, car on n'exigeait d'eux que leur présence, de temps en temps, dans les mosquées, et l'on ne faisait pas dans leurs maisons des recherches inquisitoriales, comme on le fit plus tard dans les pays catholiques. — Ce masque de l'islamisme pesait néanmoins assez lourdement sur leur conscience. Nous en trouvons une preuve dans la vie même du célèbre Maïmonide, qui, né à Cordoue quelques années avant le commencement de cette persécution, fut amené au Maroc par son père; car là, Maïmon savait trouver dans l'intérieur des familles les moyens de faire élever son fils dans l'étude de la religion juive. Mais ils furent obligés de

faire comme les autres Juifs du Maroc et de prendre le
masque de l'islamisme. Cela affligea fortement le jeune
Moïse, fils de Maïmon (Maïmonide), lorsqu'il commença à
approfondir la religion de ses pères. Bien qu'il vécut, à
Fez, dans la société des savants musulmans dont il par-
tageait les études, il supportait difficilement la loi qui lui
imposait de mentir à sa conscience par ses actes exté-
rieurs, et souvent il se trahissait dans sa conduite et dans
son langage. Aussi fut-il sur le point d'être martyr de ses
témérités et de l'oubli de toutes précautions ; il les eût
payés de sa vie, sans la bienveillante et amicale protection d'un musulman très-influent, poète, théologien et
jurisconsulte renommé, Abul Arab ibn Moïscha, qui, plus
tard, sans que nous en sachions la cause, rivalité, jalousie
ou tout autre motif, le dénonça en Égypte comme réné-
gat. Maïmonide, ayant échappé au danger qui le menaçait,
n'eut plus d'autre souci que de quitter le pays où existait cette contrainte causée par la persécution religieuse,
et, au mois d'avril 1165, lui et sa famille quittèrent nui-
tamment la ville de Fez pour se rendre en Palestine ; ils
débarquèrent à Saint-Jean d'Acre le 16 mai suivant (1).

C'est pendant son séjour dans le Maghreb qu'il composa
un petit traité découvert depuis peu de temps et intitulé :
Igguereth haschemad ou Maamar kiddousche haschem,
Lettre sur la persécution, ou *Traité de la sanctification du
nom (de l'Éternel)*. Dans cet opuscule, Maïmonide combat
l'opinion d'un rabbin par trop exclusif et rigide, qu'il ne
nomme pas. Ce rabbin admettait que tous ceux qui, dans
cette persécution, prenaient le masque de l'islamisme

(1) Munk, *Notice sur Joseph ben Jehouda ibn Aknin et Archives Israélites*,
1851, p. 318 et *passim*.

pour sauver leur personne, ne devaient plus être regardés comme des Juifs, bien que, dans leur intérieur, ils fussent sincèrement et entièrement attachés à la loi juive ; il prétendait qu'on devait se laisser tuer, plutôt que de paraître, par l'extérieur seulement, partisan d'une autre religion. Maïmonide réfute tous les arguments de ce rabbin en disant surtout que, si le Talmud recommande de donner sa vie plutôt que de faire acte d'adoration dans un autre culte, cela ne s'appliquait qu'à l'idolâtrie, et nullement aux religions qui admettent l'unité de Dieu. Cependant il exprime la crainte que la durée de la persécution n'attiédisse le sentiment juif et ne soit cause que l'islamisme s'implante dans l'intérieur des familles et des maisons, par suite de l'influence des habitudes extérieures. Loin donc de les repousser du sein du judaïsme, comme le faisait ce rabbin inconnu, il les admet, au contraire, comme Juifs, et les engage à ne pas perdre courage et à observer dans leur intérieur toutes les lois juives, ce qui leur était facile, comme nous l'avons déjà dit. Il contrebalança ainsi la funeste influence qu'était sur le point d'exercer l'écrit de ce rabbin par trop sévère, et ramena le calme dans l'esprit de ces malheureux persécutés, qui, découragés de se voir ainsi rejetés du sein de la synagogue, paraissaient résolus à renoncer entièrement à la foi de leurs pères et à embrasser l'islamisme sans aucune restriction. Sa conclusion, néanmoins, est qu'on ne doit pas demeurer dans ce pays et qu'il faut chercher activement l'occasion d'émigrer, afin de ne pas faire durer cette flagrante contradiction entre l'apparence et la réalité. Ce conseil qu'il donna, il se hâta de le mettre lui-même à exécution.

XIV

Cette persécution se maintint sous les successeurs d'Abd el-Moumen, et le nombre de ces nouveaux musulmans ne paraît pas avoir considérablement diminué : leur émigration fut très-restreinte. Abou Youssouf Jacoub al-Mançour, se défiant de la sincérité de ces *anussim* (musulmans forcés), leur imposa un costume qui les distinguait des vrais et anciens croyants. Ils durent porter de longs et lourds vêtements noirs, avec des manches d'une grandeur et d'une largeur démesurées, et, à la place de turbans, des voiles laids et grossiers. « Si je savais, disait » ce prince, que les nouveaux convertis à l'islam fussent » de vrais et sincères croyants, je chercherais à les con- » fondre avec les anciens musulmans par tous les moyens » possibles, et surtout par les liens du mariage. Si, d'un » autre côté, j'étais convaincu qu'ils aient conservé inté- » rieurement la foi de leurs pères, et, par conséquent, » leur ancienne erreur et leur incrédulité, j'exterminerais » tous ces hommes et réduirais à l'esclavage leurs femmes » et leurs enfants ; mais je suis dans le doute à ce sujet : » voilà pourquoi je leur impose un costume distinctif qui » est loin d'être à leur avantage. »

Pendant la durée de cette persécution, quelques aven- turiers en profitèrent pour se faire passer comme Messie. Ont-ils voulu abuser de la crédulité publique et se poser réellement pour le Messie, ou bien n'ont-ils cherché par cette ruse qu'à tromper les princes Almohades et à

leur faire abandonner le dessein de forcer les Juifs à
apostasier? — Les chroniques sont silencieuses à ce sujet.
— Mais toujours est-il qu'en 1147, un Juif se présenta
comme Messie à Fez ; il eut quelques partisans qui atti-
rèrent sur eux les violences du gouvernement. — En
1172, un autre Juif s'annonça comme le précurseur du
Messie, et cet aventurier sut réunir autour de lui, non-
seulement beaucoup de Juifs, mais encore un assez grand
nombre de musulmans. Cela fit du bruit dans le pays et
parvint aux oreilles du prince, qui le fit venir en sa présence et lui demanda la preuve de sa sainte mission. Cet
homme comprit qu'il n'échapperait en aucune façon
à la mort ; il résolut donc d'en finir le plus promptement
possible, et déclara au prince ne pouvoir lui donner de
meilleure preuve qu'en ressuscitant après qu'on l'aurait
fait mourir ; qu'en conséquence, il n'avait qu'à le faire
décapiter pour être édifié au sujet de sa mission. C'est
ce que fit, en effet, le prince, qui ordonna immédiatement
la mort de ce Juif. Mais, comme la résurrection n'avait
pas lieu, il fit saisir tous les partisans de ce faux Messie,
les emprisonna et leur imposa une très-forte amende.
Sous les successeurs de ce prince, la persécution religieuse fut loin de prendre fin, et nous trouvons encore
beaucoup de nouveaux musulmans qui profitent de toutes
les occasions qui leur sont offertes d'émigrer, afin
de pouvoir aller pratiquer librement le culte de leurs
pères dans un autre pays. De ce nombre fut Joseph ben
Yehouda ibn Aknin, appelé en arabe Abou Hadjadj Youssouf ben Yahia ben Ishaq al-Sabti al-Maghrebi, qui quitta
avec empressement le Maghreb en 1185 et se rendit en
Égypte, où il continua ses études auprès du célèbre Maï-

monides. Son maitre s'attacha à lui plus qu'à tous ses autres disciples, composa pour lui et lui dédia son célèbre ouvrage de philosophie et de théologie, *Dalalat al-Hayïrin* (le Guide des Égarés, en hébreu, *Moré Nevochim*). Retiré à Alep, Ibn Aknin devint médecin du roi Al-Dhaher Ghazi ben Salah ed-Din. Il composa différents ouvrages d'exégèse, de philosophie, de littérature et de médecine (1).

Abou Abdallah Mohammed el-Nassir maintint les rigueurs des princes Almohades, ses prédécesseurs, à l'égard des Juifs et des nouveaux musulmans; mais il changea la forme et la couleur de leurs vêtements et leur ordonna de porter des turbans et de longs caftans de couleur jaune. Ce genre de vêtements leur resta longtemps imposé. C'est de là, sans doute, que les Arabes du désert ont donné à la couleur isabelle des chevaux le nom de *sfer el-Yehoudi*, et qu'ils la regardent comme étant d'un mauvais présage (2).

Sous le règne d'Al-Mamoun, un des successeurs de ce prince, son neveu Yahia, qui était en lutte avec son oncle, descendit de la montagne, s'empara de la ville de Maroc,

(1) Munk, *Notice sur Joseph ben Yehouda Ibn Aknin.*

(2) Il existe, chez les Arabes, un proverbe qui prouve jusqu'à quel point cette idée superstitieuse est attachée à la couleur *jaune de Juif, sfer el-Yehoudi.* Ils disent à propos du cheval allant en guerre : « Le gris de fer et le « jaune de Juif, si le maître revient *(sain et sauf)*, coupe-moi la main. »

ازرف حديدى واصور البهودى
اذا مولاه يولى افطع لى يدى

V. Daumas, *Les chevaux du Sahara.*

où son premier soin fut de faire démolir l'église chrétienne. Il massacra un grand nombre de Juifs et de Beni Ferkhan, dont il pilla tous les biens (1).

XV

Mais les Almohades ne purent se maintenir en Afrique, et différents soulèvements leur arrachèrent successivement quelques provinces, jusqu'au moment où ils n'y possédèrent plus rien. Ce furent d'abord les Mérinites ou Beni Merin, tribu berbère zénète, qui, envahissant le Moghreb, établirent leur puissance dans cette province et y fondèrent une nouvelle dynastie. — Les Beni Zian, autre tribu berbère zénète, vinrent du désert dans le Tell, s'emparèrent de la province d'Oran et fixèrent leur capitale dans la ville de Tlemsen. Enfin, Abou Zakariyya ben Abou Mohammed Abd el-Ouahed ben Abou Hafs, lieutenant des Almohades dans l'Ifrikiah, profita des troubles qui agitaient le pays, se rendit indépendant et fonda la dynastie des Beni Hafs ou Hafsites. Leur puissance s'étendait sur toute l'Ifrikiah, c'est-à-dire sur le pays de Constantine, de la Tunisie et de la Tripolitaine.

Sous le règne de ces différentes dynasties, le sort des Juifs s'améliora, par la permission qu'ils eurent d'habiter le pays et d'y exercer leur culte en payant les impôts qui leur étaient fixés ; mais on leur imposa le costume jaune qu'avaient dû porter les Juifs-musulmans au temps des

(1) *Roudh el-Kartas*, trad. Beaumier, p. 365.

Almohades. Et si quelquefois la populace, excitée par les prédications de quelques fanatiques, cherchait à les harceler et à les tourmenter, ces princes les protégeaient et les défendaient. Ainsi, en 1276, au mois de *choual*, les habitants de Fez, poussés par on ne sait quel marabout ou fanatique, se jetèrent sur les Juifs, pénétrèrent dans les maisons et massacrèrent quatorze personnes. Et, certes, il n'en serait pas resté un seul, si le prince (Abou Youssef Yacoub ben Abd el-Hakk, des Beni Merin) ne fût monté de suite à cheval pour arrêter le massacre, et n'eût publié l'ordre formel de quitter le quartier des Juifs et de ne plus en approcher (1).

Nous n'avons aucun renseignement sur leur situation pendant le XIIIe siècle. La seule chose que nous puissions constater, c'est l'ignorance profonde qui régnait dans ce pays. Par suite de cela, les mœurs et les habitudes des Arabes s'introduisirent petit à petit parmi les Juifs : il n'y avait au milieu d'eux aucun homme assez instruit et assez influent pour s'élever contre cette déplorable tendance et pour s'y opposer (2).

C'est aussi, sans aucun doute, par suite de la pénurie de savants talmudistes qu'ils se soumirent en partie, pour le droit civil, à la législation qui régissait les autres habitants. Leurs affaires litigieuses, de Juif à Juif même,

_____

(1) *Roudh el-Kartas*, trad. Beaumier, p. 459.

(2) Nous nous basons ici sur le dire d'un rabbin espagnol, qui, arrivé en Afrique à la fin du quatorzième siècle, constatait à plusieurs reprises l'ignorance existant parmi les Juifs du pays. Ainsi, il écrivait au rabbin de Constantine, émigré espagnol comme lui, une réponse dans laquelle il disait : « *Quant à ce que tu me dis, que ma décision paraît étrange à la communauté, parce que depuis de longues années les Juifs ont cette habitude* (qu'il blâme), *et que tous leurs livres sont écrits ainsi, que puis-je y faire, si leurs scribes étaient*

4

étaient jugées par les tribunaux arabes selon les lois du pays. Telle est la situation dans laquelle nous les trouvons au moment de l'arrivée des émigrés espagnols ; car le rabbin Isaac bar Schescheth Barfath dit explicitement : « Et nous, à notre arrivée dans ce pays (Afrique), nous » n'avons pas trouvé de coutumes juives en ceci *(en fait* » *de droit civil)* ; car les habitants de ce pays n'avaient » pas l'habitude de juger leurs différends selon les lois » de notre religion : toutes leurs affaires étaient soumises » aux juges musulmans (1). »

Quant aux impôts qui pesaient sur les Juifs depuis l'arrivée des Arabes en Afrique, nous avons peu de renseignements à ce sujet. Le *kharadj* leur était commun avec les indigènes, et grevait la propriété foncière.— Le kharadj n'est pas, à proprement parler, un impôt : c'est le prix de la location des terres. Lorsque les Arabes musulmans conquéraient un pays, ils dépossédaient tous les propriétaires de leurs biens fonciers et les leur laissaient néanmoins en fermage. Le kharadj était donc le loyer de la terre qu'on laissait aux vaincus. Les Arabes, lors de la conquête de l'Afrique, durent agir, à l'égard de tous les habitants indistinctement, comme ils avaient agi à l'égard des Juifs de Khaïbar, en leur imposant le kharadj. La terre

---

inhabiles et peu instruits? Doit-on, à cause d'eux, abandonner les prescriptions religieuses et changer la loi? Ribasch. (Réponse d'Isaac bar Schecheth, n° 146) D'un autre côté encore, il écrivait au rabbin d'Oran, autre émigré espagnol : « Je t'ai déjà demandé à plusieurs reprises de ne pas chercher à réformer leurs habitudes dans de pareilles choses, si tu veux demeurer en paix avec eux. Il y a plus : sache qu'ils n'accepteraient de réforme de n'importe qui, même dans des circonstances graves où il y aurait quelque défense formelle et sérieuse. » Ribasch, n° 158.

(1) Ribasch, n° 108.

appartenant à un musulman n'était pas soumise au kharadj ; mais il n'est pas prouvé que la terre, une fois frap-
pée du kharadj, ne restât grevée de cet impôt, même en
passant entre les mains d'un vrai musulman.

D'un autre côté, il y avait la *djeziah* جزبا (capitation), dont étaient dispensés tous les croyants, mais que
devaient payer les infidèles, Juifs ou chrétiens. Les ju-
risconsultes musulmans ne sont pas d'accord sur la valeur
réelle de cette capitation. Ce que nous pouvons affirmer,
c'est qu'à la fin du XIVe siècle, elle était de deux pièces
d'or et un huitième (1), environ dix-neuf francs par
tête. Mais, une fois la capitation réglée et le nombre des
personnes à imposer fixé, toute la communauté devenait
solidaire pour le paiement intégral de cet impôt, qui, par
conséquent, en principe impôt particulier et personnel,
devenait par là impôt collectif et général, qu'on appelait
فانون *canoun*. La taxe du pauvre retombait sur les autres ; celle des rabbins, des officiants, des instituteurs, qui,
au point de vue religieux, étaient affranchis de tout impôt,
venait encore augmenter celle de la communauté. Il y a
plus : le recensement n'était pas fait régulièrement et se
trouvait toujours augmenté plutôt que diminué ; une fois
établi, il servait pendant de longues années. L'administration avait soin d'ajouter les nouveaux venus, sans toutefois
retrancher de la liste ceux qui allaient s'établir ailleurs.
Il arrivait souvent qu'un individu était obligé de payer
deux fois sa part de *djeziah*, ou bien alors la somme que
devaient payer ceux qui quittaient le pays retombait encore sur l'ensemble de la communauté. Par suite de cela,

(1) Taschbez, IIe partie, nº 46.

la djeziah était en réalité un impôt très-lourd qui pouvait s'élever parfois jusqu'à 35 ou 40 pièces d'or (de 300 à 350 francs). — Cette capitation *(djeziah)* payée par les Juifs était souvent appliquée, par les princes, à des fondations pieuses et à l'entretien d'hôpitaux (1).

Tels étaient les impôts réguliers et fixes. Mais les contributions extraordinaires, qui, pour n'être pas régulières, n'en étaient que plus fréquentes, pesaient bien plus lourdement encore sur les Juifs. Tantôt c'était du blé pour la maison du prince, tantôt une réquisition de mulets ou d'ânes pour les besoins d'une colonne; tantôt c'était simplement des corvées, journées d'hommes ou de mulets ; mais tantôt aussi c'était de la marchandise qu'il fallait faire venir des pays étrangers dans le plus bref délai : étoffes précieuses, drogueries fines, quantité de blé ou autres denrées (en cas de pénurie ou de disette).

Telle était la situation des Juifs sur tout le littoral de l'Afrique, au moment où les persécutions exercées contre leurs coréligionnaires d'Espagne, de Castille, d'Aragon et de Majorque (1391), en fit affluer un nombre considérable dans tout ce pays, depuis Tripoli jusqu'aux extrémités du Maroc.

XVI

En 1391, alors qu'eut lieu dans toute la péninsule ibérique un soulèvement général contre les Juifs, beaucoup d'entre ceux-ci abandonnèrent leur patrie et vinrent

1) *Roudh el-Kartas*, trad. Beaumier, p. 426.

chercher un refuge en Afrique. Les communautés juives
qui y existaient depuis longues années et qui y vivaient
dans un calme relatif, accueillirent les nouveaux émigrés
espagnols et se virent ainsi, tout d'un coup, augmentées
considérablement. Tous les jours, de nouvelles bandes
abordaient au rivage, arrivant des différentes parties de
l'Espagne, et surtout de Majorque.—Alger, Oran, Constantine, Tunis, Tripoli, Mostaganem, Milianah, Bougie, Tlemsen, Tenès et autres villes reçurent ainsi de très-forts con-
tingents de Juifs espagnols. Les Arabes, en voyant cette
affluence extraordinaire, craignirent une augmentation du
prix des vivres, qui déjà étaient assez chers. Mais les chefs
musulmans, sollicités par les Juifs du pays, et, entre autres, le kadi d'Alger, firent cesser cette hostilité, et les
émigrés furent accueillis. — Le fisc y trouvait son profit :
car chaque émigré devait payer, comme droit de débarquement, un doublon d'Espagne, outre les droits d'entrée
sur les effets et les marchandises qu'il apportait avec
lui.—On prévoyait aussi, par suite de cette immigration,
une augmentation certaine des revenus de l'État. L'impôt
djeziak qu'on leur imposa fut de trois pièces d'or (environ vingt-six francs) dans certaines localités; dans d'autres, les nouveaux émigrés furent dispensés de toute capitation, parce qu'ils payaient des sommes extraordinaires
comme droits de douane pour l'entrée des marchandises;
car les Juifs espagnols apportèrent avec eux, dans cette
nouvelle patrie, non-seulement leur fortune, mais encore
leur intelligence, leur science, leur aptitude au commerce
et à l'industrie.

Aussi, nous devons constater que, si les premiers émigrés furent bien accueillis par leurs coreligionnaires qui

habitaient le pays depuis longtemps, il n'en fut pas de même dans la suite. Lorsqu'ils virent leurs intérêts compromis par le nombre toujours croissant de ces émigrés, et surtout par l'activité et l'entente des affaires que les derniers venus déployèrent dès leur arrivée, les anciens habitants juifs firent dans certaines villes des difficultés pour les admettre. Il fallut la haute intervention du rabbin Isaac bar Scheschteth Barfath pour engager les Juifs à accepter dans leur sein les nouveaux survenants, et pour atténuer les démarches que quelques personnes avaient faites auprès des autorités musulmanes, afin d'empêcher le débarquement de quarante-cinq familles, attendant au port la permission de se rendre à terre. (1). Mais, partout où ils arrivèrent, les Juifs espagnols formèrent des groupes à part (2). Les anciens Juifs étaient connus sous le nom de *porteurs de turbans (baalé hamicnepheth)*; les nouveaux reçurent le nom de porteurs de bérets *(berella ou birrello, baalé el-kepouss* ou *el-kipron)* (3). Ces groupes espagnols, au bout d'un certain temps, absorbèrent dans leur sein les anciennes communautés, dont les membres, comme nous l'avons dit, vivaient dans l'ignorance et ne demandaient pas mieux que de se laisser guider par leurs coreligionnaires plus instruits. Il y eut, cependant, quelques communautés anciennes qui se maintinrent et réagirent contre cette absorption. Tunis, par exemple, où aujourd'hui encore les Israélites sont divisés en deux communautés distinctes, ayant leurs règlements, leurs admi-

(1) Ribasch, n° 61.
(2) Taschbez, IIe partie, n° 292.
(3) Raschbasch (Réponses de Salomon ben Simon Duran), n°s 413, 414, 415; Jachin ou Boaz, 1re partie, n° 132.

nistrateurs, leurs boucheries, leurs écoles, leurs temples, leurs cimetières tout à fait séparés. Cette scission complète eut lieu assez tard, et nous aurons occasion d'en parler de nouveau.

Ce qui donna surtout une très-grande influence aux nouveaux Africains sur leurs coréligionnaires, ce sont les savants rabbins qui se trouvaient parmi eux, et qui furent immédiatement choisis par les communautés pour les guider, juger leurs différends et présider à leurs trans-actions. Dès les premières années du XVe siècle, nous trouvons à la tête de presque toutes les communautés africaines des rabbins émigrés d'Espagne : à Alger, Isaac bar Schescheth Barfath et Simon ben Cémach Duran ; à Oran, Amram ben Merouas Ephrati; à Constantine, Joseph ben Menir et Mimoun ben Saadiah Nadjar ; à Médéah, Saadiah Darmon ; à Tlemsen, Abraham ben H'akoun et Ephraïm Ankaoua; à Bougie, Benjamin Amar; à Honaïn, Moïse Gabaï, etc. Tous ces rabbins avaient déjà joui au-paravant d'une grande réputation en Espagne et à Major-que. Les deux premiers, surtout, rabbins à Alger, méri-tent une place particulière par suite de leur grande in-fluence, et surtout par leur science peu commune.

XVII

Isaac bar Schescheth Barfath, (1), né à Barcelone au commencement du XIVe siècle (vers l'an 1310), fut d'abord

---

(1) برفت, tel est le nom de famille qu'il se donne à lui-même, n° 370, et à son frère Krescas, n° 387. Son maître, Rabbi Nissim, lui donne aussi ce nom, ibid., 390.

rabbin à Saragosse. Là, quelques difficultés lui étant survenues, il accepta la place de rabbin que lui offraient les habitants de Calatayud. Mais la communauté de Saragosse mit tout en œuvre pour conserver à sa tête ce rabbin distingué, et intéressa à sa cause les autorités de la ville. Cependant, il ne voulut pas revenir sur la parole qu'il avait donnée à la communauté de Calatayud jusqu'à ce qu'elle renonçât d'elle-même à la promesse qu'il lui avait faite. Plus tard, il fut appelé comme rabbin à Valence et à Tortose. Lors de la persécution de 1391, il quitta l'Espagne et vint en Afrique. Il séjourna quelque temps à Milianah (1), où, comme il le dit lui-même à plusieurs reprises, il fit différents règlements. Enfin, il vint à Alger, où il occupa la dignité de rabbin. Quelques mécontents, entre autres un homme riche et assez influent à la cour, nommé Boun-Astruc, lui suscitèrent des difficultés et cherchèrent toutes les occasions de le rabaisser. Un de ses amis les plus dévoués et son protecteur le plus influent, Astruc Cohen, médecin du prince de Tlemsen, sollicita pour lui une nomination officielle, et Isaac bar Schescheth Barfath fut nommé, par ordonnance du prince, grand-rabbin d'Alger et installé comme tel par son protecteur, qui était en même temps *mokaddem* (administrateur général des Juifs). Personne, dans le pays, ne pouvait juger les affaires civiles ou religieuses sans la permission du rabbin. Il fut blâmé par une partie de la communauté de ce qu'il avait accepté une telle nomination sans l'agrément et la demande préalable des Juifs. — En l'année 1394, les rabbins espagnols qui se trouvaient à Alger préparèrent un règlement qui fut proposé en assemblée

(1) Ribasch, nos 39, 60.

générale à la communauté nouvelle d'Alger; et accueilli
avec empressement (1). Ce règlement, se rapportant principalement aux contrats de mariage, devint une coutume
qui eut force de loi, qu'adoptèrent de suite un certain
nombre de communautés de l'Afrique, et qui, aujourd'hui
encore, est en usage à Alger et dans beaucoup d'autres
villes. Mais l'ancienne communauté, c'est-à-dire celle qui
existait à Alger avant l'arrivée des émigrés espagnols, n'y
fut pas astreinte ; elle resta pendant longtemps encore
distincte et séparée de la nouvelle (2).—Le rabbin Isaac
Barfath, connu sous le nom abréviatif de *Ribasch*, homme
fort érudit dans les matières religieuses, devint une des
plus hautes autorités juives dans la casuistique. On a de
lui un recueil de lettres sur toutes sortes de questions
civiles et religieuses, intitulé *Réponses de Ribasch* (3).

Il dit aussi avoir composé des notes ou un commentaire

(1) Taschbez, II° partie, n° 292.

(2) Taschbez, ibid.; Raschbasch, n°⁵ 414, 415, 416.

(3) *Teschouboth ha Ribasch*, in-folio, Constantinople, 1546-47. — Azoulaï, *Schem ha guedolim*, I⁰ partie, lettre *yod*, n° 35, dit qu'il a vu un manuscrit de cet ouvrage portant pour titre : *Troisième partie*, et qui correspondait avec le texte imprimé. D'où il paraîtrait résulter qu'outre les réponses con- tenues dans le volume imprimé, il existerait encore deux autres parties, dé- truites par le temps ou cachées au fond de quelque bibliothèque. Cependant nous croyons que l'ouvrage imprimé renferme à peu de chose près toutes les réponses de Ribasch ; seulement Azoulaï n'a, sans doute, vérifié que les premiers numéros ; il n'a pas fait attention que, sur les 518 numéros conte- nus dans le volume imprimé, les 186 premiers seuls ont été composés à Al- ger, et doivent, par conséquent, former à eux seuls aussi la troisième partie en question, tandis que les 332 numéros suivants ont été composés par Ribasch pendant qu'il était encore en Espagne, et doivent, par conséquent, former les deux premières parties de l'ouvrage. En effet, dans les numéros 187-190, qui, à nos yeux, doivent former le commencement de la première partie, il parle de sa position à Barcelone et des propositions qu'il avait acceptées de la part de la communauté de Calatayud, ce qui eut lieu lors-

sur la partie du Talmud appelée *Ketouboth* (1). Enfin, on
cite encore de lui un commentaire sur différentes autres
parties du Talmud et un autre sur le Pentateuque (2).

Il exerça les fonctions de rabbin à Alger jusqu'au moment de sa mort, dont on ne connaît pas la date précise.
Son tombeau, dit-on, se trouvait dans l'ancien cimetière
d'Alger, près de la porte Bab-el-Oued, sur l'emplacement
duquel on a établi depuis les nouvelles fortifications de
la ville. La communauté israélite d'Alger obtint du gouvernement l'autorisation de faire encastrer dans le mur
des remparts une pierre commémorative en l'honneur de
ce rabbin, sur laquelle on grava la date de sa mort
(1442), d'après une tradition de la communauté ; mais
cette date est erronée (3).

qu'il commença à exercer les fonctions de rabbin, Il nous paraît certain, par
suite de l'erreur commise dans l'impression, que la première partie doit
commencer au n° 187 et aller jusqu'à 380 environ. Les numéros de 380 environ jusqu'à la fin formeraient la seconde partie, et la troisième partie se
composerait des numéros 1-180.

(1) Ribasch, n° 13.

(2) Azoulaï, *Schem ha guedolim*, l. c.

(3) Voir, à ce sujet, notre courte notice, *Archives israélites*, 1865, p. 131 et
suiv. Nous basons notre opinion sur les arguments suivants :

1° Son successeur, Simon Duran, faisant, à la fin de sa vie, la liste des
ouvrages qu'il laissait à la postérité, (voir ci-après), dit avoir composé ses
derniers ouvrages, n° XI, XII, XIII et XIV, en 1436, 38, 39 et 40. Or, dans
ses *Réponses* (Taschbez), qu'il mentionne dans son catalogue sous les n°
VI, VII, VIII, il parle à plusieurs reprises de son prédécesseur comme étant
décédé. — Donc, Isaac Barfath était mort avant 1440, époque de la clôture
de ce catalogue ;

2° Simon Duran, dans ses *Réponses*, IIᵉ partie, n° 292, cite, à la date de
1421, le règlement fait pour la communauté d'Alger en 1394, avec les explications et les observations qu'on y avait faites dès l'origine. Il croit nécessaire de les mettre par écrit à ce moment (1421), parce qu'il est le seul
survivant de tous ceux qui avaient pris part à la rédaction de ce règlement.
— Or, Isaac Barfath parle souvent de ce règlement dans des termes qui
prouvent qu'il y avait travaillé. — Donc, il était mort avant 1421;

XVIII

A la mort d'Isaac Barfath, la communauté d'Alger re-
connut comme rabbin Simon ben Cémach Duran, émigré
de Majorque. Il dit lui-même (1) que sa famille était originaire de Provence. Selon Carmoly (2), la famille Duran
tirerait son nom, et, par conséquent, son origine, d'un
petit village du Gers, près d'Auch. Né à Majorque, en
1361, il s'appliqua de bonne heure à l'étude des mathématiques et de l'astronomie, où il acquit des connaissances
profondes, comme cela est indiqué dans une de ses lettres (3). Il étudia aussi la médecine (4) et exerça pendant
un certain temps cette profession. Avant la persécution de
1391, il se trouva à Barcelone, en Aragon, où il épousa

3° Dans les *Réponses* de Ribasch, les dernières qu'il fit portent la date de
1405 et 1406, nᵒˢ 170, 179. Il n'est pas probable que, s'il a vécu jusqu'en
1442, il n'ait plus été consulté par les communautés voisines, pendant les
trente-six dernières années de sa vie;

4° Si la date 1442 était exacte, il aurait atteint près de 130 ans, ce qui
eût été un cas de vieillesse assez remarquable pour que les chronologistes
n'eussent pas manqué de signaler cette longévité extraordinaire;

5° Il n'y aurait que deux ans entre la mort du rabbin Isaac Barfath (1442)
et celle de Simon Duran (1444). Or, les Réponses de Simon Duran sont au
nombre de 803, et à partir du numéro 150, il parle de Ribasch comme
n'existant plus (ذ ل = ذكر لبركه), et il n'est pas possible d'admettre que les 653 autres numéros aient été rédigés en deux années.

(1) Taschbez, IIIᵉ partie, nᵒ 9.

(2) Carmoly, *Histoire des Médecins*.

(3) Taschbez, Iʳᵉ partie, nᵒˢ 103, 163 et suiv.

(4) Ibid., Iʳᵉ partie, nᵒ 102.

la fille d'un homme distingué, R. Jona de Mestre (1). Il se trouva ainsi allié à la famille de Nachmanide (2) (Moïse ben Nachman) et de Gersonide (3) (Lévi ben Gerson). Chez son beau-père, il eut occasion de rencontrer le rabbin Isaac Barfath, que les événements malheureux de sa patrie lui firent bientôt retrouver en Afrique. — A Majorque,—probablement au moment même du soulèvement général, —il se trouva en danger de mort (4), et beaucoup de ses compagnons périrent martyrs de leur foi. Mais Simon Duran échappa à la mort et se rendit en Afrique.

Peu habitué aux affaires commerciales, il chercha le moyen de subvenir à ses besoins dans l'exercice de la médecine. Mais, en Afrique, il le dit lui-même et avec amertume (5), il trouva peu d'occasions d'utiliser les études médicales, dans lesquelles il avait acquis une assez grande réputation ; car on préférait la routine arabe à la médecine sérieuse et scientifique. En acceptant la place de rabbin à Alger, il fut le premier qui reçut un traitement pour ces hautes fonctions. Il se trouva par là dans l'obligation de se défendre et d'établir, par toutes sortes de preuves religieuses (6), qu'il n'est pas contraire aux règles et aux usages de la religion juive d'accepter un traitement pour les fonctions de rabbin, d'autant plus que, dans le principe, il avait fait ses études religieuses pour sa satisfaction personnelle seulement, et non pour en retirer

---

(1) Taschbez, IIe partie, 129, IIIe partie, 36 ; Raschbasch, no 291.

(2) Taschbez, Ire partie, no 72 ; Raschbasch, l. c.

(3) Taschbez, Ire partie, nos 103, 134.

(4) Ibid., IIIe partie, no 14.

(5) *Maguen Aboth*, ch. IV, Misch. V.

(6) *Maguen Aboth*, ibid.; Taschbez, Ire partie, nos 142-148.

quelque profit; car il était d'une famille riche, et on lui avait fait étudier la médecine pour lui procurer une position honorable et lucrative. Simon Duran mourut à Alger en 1444 (1). Sa dépouille mortelle se trouvait dans l'ancien cimetière d'Alger dont nous avons déjà parlé, et la communauté, il y a quelques années, fit également encastrer une pierre commémorative en son honneur dans le mur des remparts de la ville. Il laissa de nombreux travaux religieux et philosophiques (2), entre autres une

(1) Lettre des rabbins algériens servant de préface à l'édition du Taschbez, Amst., 1738.

(2) Voici la liste de ses ouvrages, telle qu'il la donne lui-même sur une feuille séparée, ajoutée en supplément à la suite du Taschbez, éd. d'Amsterdam, 1738 :

I. Commentaire sur le traité *Berachoth*, d'Isaac al-Fassi.

II. Décisions casuistiques sur le traité du *Talmud Niddah*.

III. Traité sur la Providence, intitulé : *Oheb Mischpat*, renfermant un commentaire sur le Livre de Job. [Édité par Joseph Molcho. Venise, 1590, in-4°. Cet ouvrage se trouve également dans la Bible de Moïse Francfurter, Amsterdam, 1724-27, in-fol.].

IV. Traité des lois religieuses, intitulé : *Zohar ha-Rakiah*, renfermant un commentaire sur les *Azharoth* [composé, comme il est dit à la fin, en 1417. Il fut édité à Constantinople en 1515, in-4° ; à Amsterdam, 1735, in-8° et in-4°. Plusieurs rabbins en firent des extraits, parmi lesquels il faut remarquer *Petil Techeleth*, de Jac. Chaguis, Venise, 1652, in-4°, et *Ner Miçwah*, de Moïse Chaïm Schemtob, de Pise, Constantinople, 1569, in-4°].

V. *Taschbez*, recueil de réponses casuistiques, première partie, renfermant 178 numéros.

VI. *Taschbez*, id., deuxième partie, renfermant 298 numéros.

VII. *Taschbez*, id., troisième partie, contenant 327 numéros. [Les trois parties ont été imprimées à Amsterdam, 1738. On y a ajouté une quatrième partie : *Chouth ha-Meschoulasch*, ou Réponses des rabbins Sal. Duran (junior), Sal. Scror et Abraham Aben Tawah.]

VIII. *Sépher Maguen Aboth*, divisé en quatre parties : 1re partie, traitant de l'existence de Dieu, de son unité, de son éternité et de ses attributs [Livourne, 1764, in-4°, et 1785, in-fol.]. IIe partie, discussion des religions qui ont pris naissance après le judaïsme [Livourne, 1785, in-fol. — De cet ouvrage on a tiré un travail particulier, intitulé : *Kescheth ou Maguén*, Livourne, 1775, in-4°, et un autre opuscule : *Setirath Emounath ha-Nocrim*, réfutation du christianisme et de l'islamisme. On trouve dans ses différents ouvrages un grand nombre de citations qui prouvent sa grande érudition dans les différentes sciences de philosophie, de médecine, de mathématiques, d'astronomie et de linguistique.

Isaac Barfalh et Simon Duran sont regardés, par les Israélites de l'Algérie, comme les véritables fondateurs du judaïsme algérien. C'est, en effet, de leurs écoles que sont sortis tous ceux qui, dans la suite, ont occupé un siége rabbinique dans ces provinces, après que les anciens compagnons de ces rabbins furent morts. Leur souvenir est vivace dans toute l'Afrique, et leurs familles y sont

Constantinople, 1710]; IIIe partie, de la connaissance de Dieu, de sa providence, de l'arrivée du Messie et de la résurrection des morts. [Livourne, 1785, in-fol.].

IX. *Maguen Aboth*, IVe partie de l'ouvrage précédent, commentaire sur le Traité des Pères. [Livourne, 1763, in-4°. Une nouvelle édition en a été faite récemment à Leipsig, 1855, in-8°.].

X. Recueil de douze petits traités, renfermant, entre autres, un commentaire sur *Eduyoth*, un commentaire sur *Kinin* [Livourne, 1744, in-4°, Metz, 1770, petit in-4°], abrégé de *Rosch ha-schana* et de *Niddah* [Livourne, 1744, in-4°], commentaire sur quelques anciennes poésies, commentaire sur les poésies *Hoschanoth* [Ferrare, 1553, in-8°]; commentaire sur le *Piout ascher Ischesch* [imprimé à Berlin, 1845, dans la collection *Choles Matmonim*, et, depuis, dans beaucoup de recueils de prières édités à Livourne]; recueil de quelques poésies religieuses, recueil de poésies sur la Terre sainte; et en l'honneur de sa famille et de quelques amis; enfin, commentaire sur *Ezéhou Mekoman* [Livourne, 1744, in-fol.].

XI. *Or ha-Chaïm*, discussion sur le livre de R. Chasdaï ben Ichouda Kreskas, contenant 55 chapitres, et terminé à l'âge de 75 ans et 6 mois, le 25 Elloul 5196 (août-septembre 1436).

XII. *Liviath Chen*, notes sur le commentaire que son parent Gersohide (Ralbag) fit sur le Pentateuque, terminé le 2 Kislew 5198 (décembre 1437), alors qu'il était proche de sa soixante-dix-septième année. Il y a ajouté quatre suppléments à l'ouvrage précédent.

XIII. *Maamar Iabin Schemouah*, sur les lois cérémonielles de *Schchitah* et *Bedikah*, terminé dans l'hiver de 1440, alors qu'il était tout près de sa soixante-dix-neuvième année [Livourne, 1744, in-fol.].

encore honorées (1). — A Constantine, on voit le
tombeau du premier rabbin espagnol arrivé dans le pays
avec Barfath et Duran, Joseph ben Menir. Ce tombeau,
appelé *Chassid* (pieux), est vénéré par les Juifs et les
musulmans ; mais aucune inscription ne rappelle le nom
du rabbin qui y est couché, ni la date de sa mort. Une
tradition seule existe à ce sujet, et, chaque année, on y fait
de fréquents pélerinages. Il fit un ouvrage dont on n'a
que quelques citations (2). Son collègue à Constantine,
Mimoun Nadjar, fit également un ouvrage qui n'est cité
que par Salomon Duran (3).

XIX

A partir de ce moment, le nombre des Juifs grandit
continuellement en Afrique. Ils y sont quelquefois sujets

XIV. *Maamar Chamec* et *Maamar Aphikomèn*, concernant les rites de
Pâques ; *Tiphereth Israel*, sur le comput, terminé en 1440 [Livourne, 1744,
in-4°, à la suite de l'ouvrage précédent].

(1) Aujourd'hui encore, il existe une habitude, à Alger, qui rappelle à
tous cette espèce de souvenir attaché à ces familles. Là robe et la coiffure
espagnoles que portaient ces rabbins en arrivant en Afrique sont conservées
à Alger. Quatre familles ont encore l'habitude de les revêtir le premier samedi de leur mariage, lorsque les nouveaux mariés se rendent à la synagogue, pour l'office du matin. La famille *Duran*, comme descendant direc-
tement de Simon Duran, porte les deux objets ; les trois autres familles
n'en revêtent qu'un seul : les *Stora*, dont l'aïeul, *Chaïm*, avait épousé une
fille d'Isaac Barfath ; les *Seror*, alliés à la famille Duran, et les *Ben Haïm*,
d'Alger, dont une légende fait remonter l'existence en Afrique avant l'arrivée des Juifs espagnols. Cette dernière famille est entièrement éteinte
aujourd'hui.

(2) Voyez *Beth Joseph*, II° partie, *Ioré Déah*, ch. CCXXVIII.

(3) *Kontrass Haminhaguim*, Recueil des coutumes rituéliques. Voyez
Raschbasch, n° 327.

à des pillages et à des persécutions locales, comme en 1442 (1), à Temesgran, relevant des rois de Tlemsen.

En 1476, sous les Beni Yfren, gouverneurs de Tlemsen pour les Hafsides, il y eut dans cette ville une assez forte persécution. Beaucoup se rendirent en Castille. Nous en trouvons la mention dans l'ouvrage d'un rabbin de Tlemsen (2), Ischouah ben Joseph ha Levi, qui, dans la préface, parle de sa fuite de Tlemsen et des malheurs qui atteignirent les enfants d'Israel dans ce pays, où ils avaient vécu jusque-là dans un calme et un bonheur relatifs. Ce qu'il faut constater, cependant, c'est que, malgré ces faits exceptionnels, ils y étaient plus tranquilles et moins tourmentés que dans les pays chrétiens, surtout qu'en Espagne, où, pendant tout le cours du quinzième siècle, ils furent continuellement harcelés et persécutés jusqu'à leur expulsion complète en 1492.

C'est surtout à ce moment qu'une très-forte immigration a eu lieu en Afrique. Huit cent mille Juifs reçurent, le 31 mars, l'ordre de quitter l'Espagne au 31 juillet, sans aucun espoir de retour. Les malheurs qui atteignirent alors les Juifs, marchant à l'aventure, cherchant un refuge qu'il ne leur était point facile de trouver, sont innombrables et impossibles à raconter. Les détails suivants, que nous traduisons de quelques chroniqueurs juifs, ayant rapport à ceux qui se réfugièrent sur les côtes d'Afrique, donneront un faible aperçu de toutes les misères qu'eurent à souffrir ces victimes de la barbare et inhumaine intolérance de Ferdinand et d'Isabelle :

(1) Raschbasch, n° 47.
(2) *Sépher Halichoth olam*, introduction à l'étude du Talmud.

« Ceux qui se réfugièrent à Fez, dit Salomon ibn
» Virga (1), eurent aussi leurs douloureuses épreuves, et
» surtout celle de la faim. Quand ils abordèrent le litto-
» ral, les habitants du pays ne leur permirent pas d'ap-
» procher des villes, de peur qu'ils ne fissent hausser le
» prix des vivres, déjà très-élevé. Ils dressèrent leurs
» tentes dans les champs, dont ils broutaient l'herbe
» comme des animaux. Et plût au ciel qu'ils eussent
» trouvé de l'herbe! Mais, hélas! cette ressource même
» leur manqua; car, par suite de la sécheresse, aucune
» herbe n'avait poussé. Ils ne trouvèrent rien que quel-
» ques dures racines. Beaucoup périrent de faim et res-
» tèrent même sans sépulture; car les survivants étaient
» tellement affaiblis, faute de nourriture, qu'ils n'avaient
» pas la force nécessaire pour creuser les tombes de leurs
» frères, que la mort frappait.

» Il arriva alors une chose que jamais on n'avait en-
» tendu raconter : un Arabe, s'approchant de ce campe-
» ment, vit une belle Juive qu'il força de se prostituer à
» lui, en présence des parents mêmes de cette malheu-
» reuse jeune fille. Il quitta le campement, et, bientôt
» après, il revint armé d'une lance avec laquelle il tua
» cette innocente victime de sa sensualité. On lui cria :
» Barbare, que fais-tu là? N'était-ce pas assez que de
» l'avoir déshonorée? — Eh! non, répondit-il; car il est
» à craindre que cette jeune fille ne soit enceinte, et alors
» le fils de mes entrailles, le fils d'un vrai croyant serait
» élevé dans cette maudite religion des Juifs. — A-t-on
» jamais ouï une atrocité pareille!

(1) *Schebet Iehouda*, nos 52-55.

» De nombreuses scènes non moins douloureuses avaient
» encore lieu. Une pauvre mère, voyant son enfant dé-
» faillir par manque de nourriture et ne trouvant rien à
» lui donner, prit une pierre dont elle tua son enfant,
» pour ne pas le voir souffrir, et se donna ensuite elle-
» même la mort. — D'autres s'approchaient des murs de
» la ville et vendaient aux Arabes leurs malheureux en-
» fants pour un morceau de pain. — [Mais le prince qui
» gouvernait le pays était un homme juste et charitable,
» et lorsque cette famine eut pris fin, il fit publier un
» ordre formel par lequel tout enfant acheté dans ces
» circonstances devait être rendu libre à ses parents.]
     » Un vaisseau se trouvait ancré assez proche du cam-
» pement de ces malheureux, qui allaient tous les jours
» au bord de la mer pour chercher quelques épaves re-
» jetées par la mer et capables de les sustenter. Le capi-
» taine, connaissant l'état misérable des Juifs, chercha à
» les attirer. Il leur distribua, le premier jour, quelques
» morceaux de pain. La joie fut grande parmi ces affa-
» més, et la nouvelle s'en répandit bientôt dans tout le
» camp. Aussi, le lendemain, plus de cent cinquante jeu-
» nes hommes se rendirent au bord de la mer. Quand le
» capitaine vit cette affluence, il les engagea à monter
» dans le vaisseau, où il leur donnerait une nourriture
» abondante. Ils y montèrent, sans se douter du piège
» qui leur était tendu. Le capitaine, les ayant en son
» pouvoir, mit aussitôt à la voile et les transporta sur
» différents points où il les vendit comme esclaves. Le
» désespoir de toutes ces familles éplorées est impossible
» à décrire. »
     « Ceux qui arrivèrent à Oran, dit un autre chroni-

» queur (1), étaient tellement nombreux, que les Arabes,
» en voyant les vaisseaux qui les transportaient, crurent
» à une descente d'ennemis ; ils les attaquèrent et en
» tuèrent un assez grand nombre ; mais bientôt ils ap-
» prirent que c'étaient des malheureux exilés d'Espagne
» qui imploraient un refuge. Le prince eut pitié d'eux et
» leur permit de débarquer, grâce à l'intervention d'un
» Juif assez influent du pays nommé *Dodiham* (2). Mais
» leur nombre les empêcha de trouver des demeures en
» suffisance. Alors le prince leur fit construire des caba-
» nes de planches en dehors de la ville, pour les abriter
» eux et les troupeaux qu'ils avaient amenés avec eux.
» Mais là encore le malheur les poursuivit : un vendredi,
» le feu prit, quelques-uns disent fut mis, dans la maison
» d'un boulanger, proche de ces cabanes, qui, en un clin
» d'œil, devinrent la proie des flammes. »

Léon l'Africain (3) accuse les Juifs exilés d'Espagne
d'avoir apporté avec eux la syphilis en Afrique. — Cette
accusation est aussi fausse qu'injuste à leur égard ; car il
est notoire qu'au moment de leur expulsion d'Espagne,
cette honteuse maladie était encore entièrement inconnue.
C'est, dit-on, à la suite de la découverte de l'Amérique
par Christophe Colomb qu'elle se propagea dans les pays
d'Europe. Or, Christophe Colomb s'embarquait pour aller

(1) Voyez les extraits de la Chronique d'Elia Capsali, à la suite de la
trad. allem. d'Emek Habacha, par Viesner. Leips., 1858, supplém., p. 15.

(2) En caractères hébreux, דודיהם. Nous n'avons trouvé aucun renseignement qui puisse établir si c'est là un nom de famille ou le titre d'un
emploi à la cour.

(3) *Description de l'Afrique*, livre I, ch. XXX.

à la découverte du nouveau monde le 3 août 1492, au moment même où les Juifs étaient déjà expulsés d'Espagne.

C'est à cette époque qu'on fait remonter le respect et la vénération qu'on a pour la synagogue de Bône. Cette synagogue, appelée *Ghriba* (غريبة chose étrange, merveilleuse), est vénérée et respectée non-seulement par les Israélites de l'Afrique, mais encore par les musulmans. Ni les uns ni les autres n'y prêteraient volontiers un serment déféré par la justice. Juifs et musulmans y viennent de bien loin invoquer le secours de la Providence dans les circonstances difficiles de la vie. C'est qu'en effet la légende qui s'y rapporte est étrange et merveilleuse.

« Lors de l'expulsion des Juifs d'Espagne dont nous venons de parler, des vaisseaux chargés d'émigrés sombrèrent en pleine mer; dans d'autres, on fut obligé de jeter une partie de la cargaison à la mer pour les alléger. Tout fut englouti. Cependant une seule épave surnagea; elle arriva, poussée par les vagues et la volonté de Dieu, vers le port de Bône. Des matelots virent de loin cet objet sur la surface de la mer et allèrent en barque pour s'en emparer; mais, en arrivant près de l'endroit, au moment où ils allaient saisir l'épave, la barque chavira, et les matelots faillirent perdre la vie. Ils essayèrent à plusieurs reprises de prendre cet objet, mais inutilement : à chaque tentative nouvelle, pareil accident leur arriva. D'autres voulurent, à leur tour, tenter la prise de cette épave; mais, chaque fois qu'une main s'étendait pour la saisir, l'objet s'éloignait, et la barque renversait dans la mer ceux qui la montaient. On supposa alors que ce devait être un objet ensorcelé, et on fit venir des marabouts, des faquirs; mais

aucun ne put parvenir à s'emparer de cet objet étrange.
Cela fit événement dans la ville de Bône, et tous les habitants étaient sur le bord de la mer, attirés par la curiosité. Parmi eux, se trouvaient quelques Juifs. L'un d'eux crut reconnaître, à la forme de cette épave, un objet servant au culte de la Synagogue; il en fit part à son voisin, et bientôt le bruit s'en répandit dans tous les groupes. On engagea alors les Juifs à en tenter la prise. Quelques hommes montèrent dans une barque et se dirigèrent vers l'endroit où nageait cette chose mystérieuse. A l'approche de la barque montée par les Juifs, l'épave, loin de s'en éloigner, s'en rapprocha, au contraire, et les Juifs purent la prendre avec facilité. Aussitôt qu'elle fut dans leurs mains, ils l'embrassèrent et l'élevèrent vers le ciel, pour remercier Dieu d'avoir sauvé cette relique de leur culte. C'était un rouleau sacré du Pentateuque, servant aux lectures religieuses de la Synagogue. Aussitôt débarqués, les Juifs transportèrent ce Pentateuque avec solennité à la synagogue qu'ils avaient dans la ville. Tous les Arabes les accompagnèrent; et, témoins du fait merveilleux, ils vouèrent à la synagogue de Bône un respect qui ne s'est jamais démenti. »

XX

Pendant tout le XVIe siècle, les Juifs vécurent assez paisiblement sur les côtes de l'Afrique, sous le gouvernement des Arabes et des Turcs, à part les impôts ordinaires et extraordinaires qu'on prélevait sur eux. Mais il n'en était pas ainsi des villes que les Espagnols conquéraient. Partout où ils arrivaient, ils apportaient avec eux cette intolérance haineuse et inhumaine contre la race juive, intolérance qui avait déjà abouti à l'établissement de l'inquisition.

En 1509, le cardinal Ximénès se rend maître de la ville d'Oran, et les Juifs sont chargés de très-fortes contributions.

En 1510, Pierre de Navarre s'empare de Bougie : les Juifs sont pillés et mis à contribution ; beaucoup sont faits prisonniers et vendus comme esclaves.

Dans la même année, les Espagnols occupent Tripoli, et les Juifs y éprouvent le même sort qu'à Bougie. Ils sont transportés à Naples, où la misère en fait périr un grand nombre. Quelques-uns sont rachetés par les Juifs de Rome (1).

En 1515, la flotte espagnole fait une descente à Djerba (2), et les Juifs n'y sont pas épargnés.

(1) Chronique de Joseph Cohen, p. 56, a.

(2) Ibid , p. 62. Une tradition locale attribue l'arrivée des Juifs dans cette île à l'époque du premier exil, sous le règne de Nabuchodonosor. Il y existe une synagogue dont on fait remonter la construction à cette époque. Les Juifs de la Tunisie envoient encore, chaque année, de nombreux dons pour l'entretien de cette synagogue.

Il existe encore pour Djerba une superstition assez étrange, dont nous n'avons pu découvrir l'origine. Djerba, dit-on, ne peut être habitée par un descendant de la tribu de Lévi. Presque tous les habitants sont *cohanim*, ou descendants des anciens prêtres du temple de Jérusalem. Quelques-uns, mais en très-petit nombre, sont issus des autres tribus d'Israël ; mais pas un Lévi ne peut y rester au delà de deux ou trois jours sans que la mort ne vienne l'y surprendre. Aussi, si un quêteur de Jérusalem envoyé à Tunis est un Lévi, on ne lui permet pas d'aller à Djerba. Un autre le remplace dans sa mission pour cette ville, qui a cependant une population juive assez forte pour mériter la visite même du rabbin de Jérusalem.

En 1535, l'Empereur Charles-Quint s'empare de Tunis (1) : on massacre un grand nombre de Juifs, et beaucoup sont vendus comme esclaves. Dans la lutte que soutint contre lui Barberousse, il avait pour lieutenant un Juif nommé Sinant (2). — Au moment de l'arrivée des Espagnols devant Tunis, un Juif influent et riche sauva, au moyen d'une forte rançon, un millier de chrétiens que les autorités tunisiennes avaient condamnés à mourir.

Dans la même année, les Espagnols chassent les Juifs de Tripoli, dont la plupart s'enfuient dans les montagnes.

En 1541, lorsque les Espagnols paraissent devant Alger et bloquent cette ville, les Juifs, qui s'y trouvaient en grand nombre, sont plongés dans la consternation. Ils se réunissent dans les synagogues et invoquent le secours de la Providence pour que la ville ne tombe pas entre les mains des assiégeants. — La défaite des Espagnols devant Alger a été célébrée de tout temps par les Juifs algériens, les 3 et 4 du mois de *Cheschvan* (octobre-novembre), par un anniversaire qui se compose d'un jour de jeûne et d'un jour d'allégresse. On y récite des poésies qui rappellent les faits de la lutte et l'échec éprouvé par Charles-Quint. On y mentionne aussi la tentative avortée de 1516. Ces poésies hébraïques ont été composées par quatre rabbins d'Alger : Moïse Meschisch, Moïse al-Açbi, Abraham ben Jacob Tawah et Abraham ben Salomon Çarfati (3).

La même année, la flotte espagnole s'arrêtant à Bougie, les quelques Juifs qui y demeurent sont de nouveau

(1) Chronique de Joseph Cohen p. 99.

(2) Rousseau, *Annales tunisiennes*, p. 17.

(3) Voyez le recueil de prières spéciales pour les synagogues de la ville d'Alger.

persécutés, emprisonnés, et enfin chassés entièrement de la ville. Tous leurs biens sont pillés, jusqu'aux livres religieux que l'on brûle (1).

En 1543, les Juifs de Tlemsen, au nombre de plus de quinze cents, sont tués ou vendus comme esclaves par les Espagnols, et rachetés en partie par leurs frères d'Oran et de Fez (2).

Cependant Charles-Quint envoya, en 1556, un Juif d'Oran, nommé Jacob Cansino, pour le représenter auprès de l'empereur du Maroc et protéger, à la cour de ce prince, les intérêts des sujets espagnols. Cette famille de Cansino exerça de père en fils les fonctions de consul d'Espagne à Maroc jusqu'en 1666, date de la mort de Jacob Cansino, arrière-petit-fils du premier. Cinq membres de cette famille représentèrent ainsi la cour d'Espagne auprès des princes marocains pendant l'espace de cent dix ans :

1556 — Jacob Cansino ;

1558 — Isaac, son fils ;

1599 — Chaïm Cansino, son fils ;

1621 — Aaron Cansino, son fils ;

1633-1666 — Jacob Cansino, son frère.

Quant à d'autres événements historiques, nous en trouvons fort peu d'intéressants pendant les XVII⁰ et XVIII⁰ siècles.

En 1666, une année après l'avénement de Charles II au trône d'Espagne, les Juifs d'Oran reçurent l'ordre de quitter cette ville au bout de huit jours. Ils furent tous obligés de s'en aller et se retirèrent en Italie, où leurs

(1) Voyez *Choul ha-Meschoulasch*, IIIᵉ partie, nᵒ 24, ou Réponses d'Abraham Tawah, à la suite du deuxième volume du Taschbez.

(2) Chronique de Joseph Cohen, p. 119, b ; Omer Haschikcha, p. 29, b.

coreligionnaires leur firent bon accueil. Ils ne revinrent définitivement dans cette ville que dans l'année 5552 (1792), lorsque les Espagnols l'eurent abandonnée à tout jamais. Cependant, il est certain que, pendant les années qui s'écoulèrent entre 1708 et 1732, années pendant lesquelles les Espagnols avaient quitté momentanément Oran, quelques Juifs s'étaient de nouveau établis dans cette ville. Lorsqu'en 1732, les Arabes abandonnèrent la ville, ils pillèrent, avant leur départ, toutes les maisons juives et ne laissèrent aux Espagnols que la peine de les chasser de nouveau (1).

Muley Archew, de Tafilet, s'emparant du trône de Maroc, où régnait son frère Ismaïl, chassa la plupart des Juifs de la province de Sousse. Le gouverneur de Fez les accueillit dans la ville et leur permit de s'y établir. A Maroc et à Tédula, Muley Archew fit démolir les synagogues; il ne chassa pas les Juifs de ces villes, mais il leur imposa de très-fortes contributions. En 1670, il nomma chef des Juifs de tout le pays Josué ben Hammoschek, qui lui avait rendu de grands services pendant les guerres que ce prince avait eu à soutenir.

En 1684, Joseph de Tolède, qui avait pris une grande part à la restauration du prince Ismaïl sur le trône du Maroc, servit encore d'intermédiaire dans les négociations entamées entre cette cour et la Hollande, et, comme ministre du prince, il signa le traité de paix qui fut fait avec cette puissance.

En 1750, un Juif fut envoyé par la cour de Maroc comme ambassadeur près du roi de Danemark, où il rendit de grands services.

(1) Voyez *Peri Çadiq*, de R. Salomon Seror, p. 63, d.

En 1775, l'expédition du comte O'Reilly contre Alger ayant échoué, la communauté juive de cette ville institua un nouvel anniversaire qu'on célèbre encore aujourd'hui, le 10 et le 11 du mois de Tammouz (juin-juillet) (1).

Enfin, en 1790, Muley Yézid, se soulevant contre l'empereur son père, demanda le concours des Juifs, qui le lui refusèrent, parce qu'ils voulaient rester fidèles au prince régnant. Aussi, quand la mort de son père survint et que Muley Yézid monta sur le trône, il autorisa, le jour même de son avénement, le pillage général des Juifs, qui dura pendant trois jours.

XXI

Pendant toute cette période, le nombre des Juifs en Afrique avait continuellement grandi, et l'organisation des communautés avait pris une certaine régularité.

Ils relevaient partout du *hakem el blad* (chef de la ville), qui les administrait par l'intermédiaire de leur *mokaddem* ou *mokdam* (préposé) nommé par lui. Là où résidaient les pachas et les beys, le *mokaddem* était nommé par ces princes, et choisi presque toujours arbitrairement, sans qu'on tînt aucun compte des sympathies de la communauté. Il exerçait sur ses coreligionnaires un pouvoir discrétionnaire, tempéré seulement par la crainte d'une délation. C'était toujours un des Juifs les plus riches, dont la fortune permettait l'acquisition de cet emploi ; car ces

(1) Voyez notre Lettre à M. Féraud dans le volume X des *Notices de la Société archéologique de Constantine*, p. 6 et suiv.

fonctions étaient presque toujours vénales. Quelquefois, cependant, les pachas ou les beys nommaient comme *mokaddem* un Juif qu'ils voulaient récompenser pour certains services rendus à leur personne ou à leur administration. D'autres fois, c'était un individu sur lequel ils pouvaient compter en toutes circonstances, et qui était entièrement à leur discrétion. Comme l'argent était un levier tout-puissant auprès du *hakem* qui administrait la ville au nom du gouvernement, le *mokaddem* savait acquérir dans sa position les faveurs continuelles de ce chef, par des dons gracieux et par une complaisance sans bornes. De cette manière, il devenait le chef tout-puissant des Juifs, et, au lieu d'être leur protecteur, il exerçait le plus souvent ses fonctions avec tyrannie et arbitraire. Il avait à sa disposition la police de la ville pour punir ou emprisonner ceux qui désobéissaient à ses ordres ou qui simplement lui déplaisaient. Dans beaucoup de villes africaines, le *mokaddem* avait de droit une prison dans sa propre demeure, où il pouvait enfermer les Juifs, ses *sujets*, sans aucun contrôle. — Le *hakem* ne connaissait que le *mokaddem* comme intermédiaire administratif des Juifs; il était donc de l'intérêt de ses subordonnés de ne pas offenser ce personnage important, et même de se courber devant sa toute-puissance, fût-elle capricieuse. — C'était lui qui était chargé de confectionner le rôle des impôts ordinaires; c'était lui qui recevait communication des contributions extraordinaires exigées des Juifs; il pouvait, à son gré, favoriser les individus ou leur nuire dans leurs intérêts. Aussi avait-il par là une influence que la crainte d'être ruiné rendait plus grande encore. Les complaisants, les flatteurs et les courtisans ne lui manquaient pas; et par

ces adulateurs, il avait une police secrète des mieux faites.
— Cependant le *mokaddem* n'était pas inamovible, et il arrivait souvent que des intrigues et la délation renversaient tel *mokaddem* pour en élever, à sa place, un autre qui était souvent son ennemi. Alors avaient lieu de grandes représailles à l'égard de ceux qui passaient pour avoir été à la dévotion du *mokaddem* destitué.

A côté du *mokaddem*, sultan au petit pied, il y avait le conseil de la communauté (*tobé haïr*), choisi par lui et qui s'occupait, sous ses ordres, de tout ce qui concernait l'administration de la communauté. Les recettes et les dépenses de la charité publique étaient surtout dans les attributions de ce conseil. Il prêtait aussi son concours pour tout ce qui concernait les impôts et les contributions. Choisis par le *mokaddem*, il arrivait rarement que ces conseillers eussent une opinion différente de la sienne; ils étaient à sa discrétion, car il pouvait les maintenir ou les changer selon son bon plaisir. Il y avait, chaque mois, deux des membres de ce conseil qui étaient chargés de l'administration et de l'expédition des affaires urgentes qui ne permettaient pas d'attendre que l'on fît une réunion. On les appelait *mokaddem du mois*.

XXII

Cependant, il y avait, à cette espèce d'omnipotence du *mokaddem* et de son conseil, une sorte de contrôle qui, parfois, était assez efficace. C'était le tribunal des rabbins, auprès desquels on venait souvent se plaindre, et qui, dans certaines circonstances, avaient le courage de faire des remontrances. — Les rabbins étaient, à la vérité, en quelque sorte sous les ordres du *mokaddem* et de son conseil, et pouvaient, par leur opposition aux chefs de la communauté, être lésés dans leurs intérêts; car, comme nous l'avons dit à propos du rabbin Simon Duran (1), c'est à l'avénement de ce rabbin que les communautés commencèrent à affecter des traitements aux fonctions de rabbin, ce qui n'avait pas lieu auparavant. Cependant, l'influence des rabbins était assez grande pour qu'ils n'eussent rien à craindre de la part du *mokaddem*, dans le cas où ils se seraient élevés contre une de ses injustices; car ils auraient été soutenus non-seulement par tous les membres de la communauté, mais encore par tous les rabbins des autres villes, à qui ils n'auraient pas manqué de déférer le cas, sous forme de question casuistique.

Les rabbins n'avaient aucune juridiction en matière criminelle. — En matière civile, ils étaient chargés de décider les affaires litigieuses. Rien cependant n'obligeait les parties à s'abstenir de présenter leurs contestations devant les tribunaux musulmans, si ce n'est la crainte de froisser l'amour-propre des rabbins et d'encourir par là un blâme sévère, et quelquefois même la mise au ban de la synagogue. Car, parmi les ordonnances du gouvernement, il n'y en avait aucune qui astreignît les Juifs à faire juger leurs différends par tel ou tel tribunal. En présence de cette liberté laissée aux Juifs, la loi religieuse reprenait ses droits; et puisque, chez les Juifs comme chez les musulmans, la justice civile faisait partie de la loi religieuse, ceux qui auraient déféré leurs litiges à

(1) Voyez plus haut, p. 60.

l'appréciation des tribunaux musulmans et auraient demandé à des jugements de kadi les arrêts à intervenir, ceux-là auraient transgressé une recommandation religieuse, et étaient passibles, par conséquent, des peines édictées dans ce cas. Il n'en aurait pas été de même, si un ordre quelconque du gouvernement avait retiré aux Juifs la permission de laisser juger leurs affaires civiles par les rabbins; car, dans ce cas, la loi religieuse ordonne de se soumettre aux tribunaux du pays, et reconnaît la supériorité des ordonnances du gouvernement, en disant : *Dina demalchouta dina,* « la justice du gouvernement est la justice qu'on doit reconnaître. »

Mais les faits de statut personnel, comprenant les questions de mariage, de divorce, d'héritage et autres, étaient de la juridiction exclusive des rabbins, et les tribunaux des kadis n'acceptaient pas les affaires à juger qui leur étaient déférées : ils les renvoyaient toutes aux rabbins.

— Il n'est pas nécessaire de dire que, pour les faits purement religieux, les cas de conscience, les questions rituéliques et casuistiques, le rabbin avait tout pouvoir de juger et de faire exécuter sa décision. Dans ce cas, le *mokaddem* prêtait aux tribunaux rabbiniques le bras séculier chargé de faire exécuter les sentences prononcées. Pour les affaires religieuses, les tribunaux juifs avaient, comme sanction pénale : l'amende *(kenass),* les différents degrés d'excommunication *(hérem, nidouy* et *schemata),* l'infliction d'un certain nombre de coups de lanière *(malkoth),* et parfois l'emprisonnement.

L'administration de la communauté comprenait encore les fonctions de *guizbar,* de *gabaï* et de *chaber.*

I. Le *guizbar* était l'administrateur chargé de la police

des synagogues, de la vente des honneurs religieux ; il devait faire les recettes et les dépenses de l'oratoire auquel il était préposé. — Il y avait, en outre, à Alger, le titre honorifique de *guizbar*, que l'on donnait, chaque année, à quatre hommes riches et de bonne famille. Ces quatre *guizbarim* étaient chargés de surveiller la distribution des aumônes publiques. Comme, à l'époque des fêtes, les recettes ne suffisaient pas pour les dépenses exceptionnelles du moment, les *guizbarim* devaient y suppléer par leur fortune personnelle, et faire à leurs frais les distributions des vivres à l'occasion des fêtes. En compensation de ces dépenses extraordinaires, qui, pour chaque *guizbar* s'élevait pour le moins à deux ou trois mille *réaux*, les *guizbarim* avaient droit à certains honneurs particuliers, et l'emploi de *guizbar* leur donnait, pour le reste de leur vie, le titre de *hayyakar*.—Aujourd'hui encore, cette coutume subsiste à Alger, où le titre de *guizbar* est accordé, chaque année, à douze personnes qui versent dans la caisse du comité consistorial une somme assez importante pour subvenir aux dépenses dont nous avons parlé.

II. Le *gabaï* était chargé de fournir les objets nécessaires à l'ensevelissement des morts, et de diriger les cérémonies funèbres depuis la maison mortuaire jusqu'à l'entrée du cimetière. Chaque année, on en nommait quatre nouveaux. Les dépenses des pauvres étaient à leur charge, et ils avaient en retour certains honneurs qui leur étaient réservés.

III. Le *chaber* présidait à la cérémonie funèbre, depuis l'entrée du cimetière jusqu'à la fin de l'enterrement. Ils étaient également au nombre de quatre, et devaient prendre à leur charge les frais occasionnés par l'inhumation

des pauvres. En compensation de ces pénibles et douloureuses fonctions, ils avaient divers honneurs, notamment
celui de présider aux mariages et de conduire la mariée,
la nuit du jeudi soir, de la maison paternelle à la demeure du marié. — Il fallait passer par le grade de *chaber*
pour être nommé *gabaï*, et par celui de *gabaï* pour arriver au titre de *guizbar*. — Toute cette organisation existe
encore à Alger, avec quelques changements que les idées
du temps y ont introduits.

XXIII

Les revenus de la communauté consistaient d'abord
dans les quêtes et les dons volontaires. Il y avait généralement quatre époques bien distinctes auxquelles avaient
lieu ces quêtes : 1º au nouvel an *(rosch ha-schana)*, pour
le loyer des pauvres ; 2º la veille du jour du grand par-
don *(kippour)*, pour l'achat des provisions de blé nécessaires pendant la mauvaise saison ; 3º à *h'anoucah* (fête
des Machabées), pour les vêtements des pauvres, et 4º au
commencement du mois de *Nissan*, pour certains besoins
exceptionnels de la fête de Pâques (1). Dans plusieurs localités, cette dernière quête se faisait le jour de la fête
de *Pourim* (fête d'Esther).

Mais, pour les distributions hebdomadaires de l'année
entière, on était obligé d'avoir recours à un impôt qui
était en quelque sorte une dîme prélevée sur certains
commerces particuliers à la consommation juive. Cet

(1) Omer Haschikeha, p. 92, c.

impôt fut particulièrement cause de la séparation complète des deux communautés existant encore aujourd'hui
dans la ville de Tunis : celle des *Mostarabes*, Tunisiens
proprement dits ou indigènes, et celle des *Baalé el-kepouss*, dite des *Gornizim* ou Livournais. La première était
fort ancienne dans le pays ; la seconde commença à se
former à la fin du XIVe siècle, par l'arrivée successive des
émigrés d'Espagne, de Portugal, d'Italie et d'autres
contrées européennes. Dans les premiers temps, celle-ci fut
très-petite. Les émigrés qui arrivèrent à partir de 1392
obtinrent du gouvernement la permission de s'établir dans
un *fondouk*, près d'une des portes de la ville, et d'y construire un petit oratoire. A la fin du XVe siècle, leur nombre s'était déjà considérablement accru, au point que
l'oratoire ne suffisait plus aux fidèles qui s'y rendaient.
D'ailleurs, le gouvernement, en voyant cette augmentation de population, telle que le *fondouk* ne pouvait plus
la contenir, permit à ses nouveaux sujets de s'établir
dans un autre quartier, aux environs du *Hara* (quartier
des Juifs indigènes ou Mostarabes), proche des bazars
où ils avaient leur commerce. On les autorisa également à construire une nouvelle synagogue assez vaste
pour les contenir (1). — Leur nombre allait toujours
croissant. La différence entre cette communauté et celle
des Mostarabes consistait seulement dans la récitation de
quelques prières et dans certains usages qu'ils avaient
apportés avec eux d'Europe. L'administration générale
des Juifs de la ville était entre les mains des Mostarabes ;
ceux venus des pays chrétiens contribuaient aux dépen-

(1) Iachin ou Boaz, 1re partie, no 132.

6

ses, sans se mêler en rien de l'administration. Bientôt, cependant, ils sentirent le besoin de s'organiser eux-mêmes. Une seconde synagogue fut érigée par suite de l'accroissement de la population dite Livournaise. Alors ils ne voulurent plus contribuer aux dépenses générales par des contributions particulières et individuelles. Les administrations des deux communautés s'entendirent au sujet des contributions et des impôts à payer au gouvernement, — et il fut décidé entre elles que les Mostarabes payeraient les deux tiers des impôts, et que la communauté des Livournais, dont le nombre de familles était de beaucoup plus petit, ne contribuerait que pour un tiers à toutes les charges imposées par le *beylik*. Il avait été aussi décidé que tout étranger venant désormais des pays musulmans serait compris parmi les Mostarabes, tandis que ceux qui viendraient des pays chrétiens entreraient dans la communauté des Livournais. La séparation demeura dans cette situation pendant les XVIe et XVIIe siècles ; chaque communauté avait ses synagogues, son cimetière et son administration, sans qu'il y eut hostilité entre elles. — Mais, au XVIIIe siècle, l'administration mostarabe s'aperçut que l'impôt, prélevé sur certains commerces au profit des pauvres de chacune des communautés, n'était plus dans la proportion des dépenses respectives des deux administrations, par suite de fraudes commises au profit de la communauté livournaise. Craignant de voir un déficit prochain dans la caisse de leur communauté, les administrateurs mostarabes demandèrent aux rabbins le moyen d'arrêter ces fraudes et de rétablir l'équilibre entre les recettes et les dépenses. Le grand-rabbin, Abraham Taïeb, à la tête de tous les rabbins mostarabes, lancèrent une excommunication générale contre quiconque de leur communauté prêterait son concours à une fraude lésant les revenus de la caisse des pauvres mostarabes au profit de celle de l'autre communauté. Cette mesure grave fut prise et publiée dans toutes les synagogues de la ville, le 7 Ab 5501 (juillet 1741). La scission fut alors complétement consommée entre les deux communautés. — Quarante-trois ans plus tard, le 7 Elloul 5544 (août 1784), une réunion de soixante rabbins renouvela cette excommunication, pour l'appliquer principalement aux étrangers des pays musulmans qui arriveraient à Tunis et qui, selon la première convention, devaient faire partie de la communauté mostarabe. — Trois des signataires de ce dernier acte ajoutèrent à la suite de leur adhésion que les commerçants algériens, de passage seulement à Tunis, ne devaient pas être compris dans cette excommunication (1). — Aujourd'hui encore, la séparation est complète entre ces deux communautés, sans que cependant il y ait haine ou une division quelconque entre les individus : l'administration seule est distincte.

XXIV

Le costume des Juifs devait être différent de celui des vrais croyants dans toute l'Afrique septentrionale. La *chachia*, ou calotte rouge avec le turban, leur étaient interdits ; ils ne pouvaient porter qu'une *chachia* de couleur sombre. Les jeunes gens la portaient en velours violet ou

(1) *Mischkenoth Harotm*, p. 103 et *passim*, n° 112.

bleu foncé ; les hommes mariés, en drap violet ou noir,
avec un foulard en poult de soie gris, sombre ou noir,
serré autour de la tête ; les vieillards portaient au-dessus
la *kouassa*, espèce de grand foulard couvrant la tête et les
oreilles. Dans quelques villes cependant, à Constantine,
par exemple, il leur était permis d'enrouler autour de la
tête et du cou des morceaux d'étoffe blanche longs de
deux à trois mètres environ, imitant assez bien le turban.
— Le burnous ne devait être ni blanc ni gris clair, mais
gris foncé, dans quelques provinces, comme celle de Titteri, et bleu foncé dans d'autres, celle d'Alger, par
exemple. — Leur chaussure consistait en *tcharpi,* soulier
sans quartier ni talon ; en *bettim,* soulier juif à talon,
sans quartier ; en *bolgha,* sorte de pantoufles sans talon,
dont le quartier se rabat dans l'intérieur du soulier, le
tout de couleur sombre. La chaussure et la coiffure européennes étaient également autorisées. Dans la province de Constantine, on leur permettait parfois le burnous et la chaussure des Arabes. Au bout de quelque
temps, on revenait sur cette autorisation, et on les obligeait de nouveau à porter des burnous noirs et d'autres
chaussures. Cela dépendait des caprices du bey. — Quant
aux vestes et aux autres parties de leur vêtement, aucune
forme et aucune couleur ne leur étaient prescrites ; le
vert seul leur était défendu. — Il leur était interdit d'une
manière absolue de monter à cheval ; on ne leur permettait comme monture que le mulet ou l'âne ; dans l'intérieur
des villes, ces montures mêmes leur étaient sévèrement
défendues. — Comme équipement, ils ne pouvaient se
servir d'aucune espèce de selle ; les bâts et les *chouaris*
(paniers) étaient seuls tolérés.

Quant aux femmes, la plus grande prudence leur était nécessaire, comme sécurité personnelle, en fait de toilette et de bijoux. Comme il n'y avait d'apparent que le *haïk*, qui enveloppait la femme de la tête jusqu'aux pieds, la seule réserve qui leur était imposée consistait dans la défense de certaines couleurs pour ce *haïk*. Le *haïk* blanc venant du sud ne leur était pas défendu. — La toilette des femmes juives (*caftan*, *gandourah* et autres) était tout à fait différente de celle des femmes mauresques et arabes, de sorte qu'il n'avait pas été nécessaire de la réglementer. Une distinction existait cependant, mais toute volontaire de la part des juives, comme, d'ailleurs, pour le reste de leur toilette : c'est l'absence du voile (*el-adjar*, العجار), qui couvre la figure des femmes musulmanes. — A Alger, la *sarmah* était permise aux femmes juives : c'était une coiffure en argent serrant la tête et assez élevée, par-dessus laquelle on jetait les extrémités du *haïk*, que l'on croisait sur la poitrine de manière à cacher la moitié du visage et tout le reste du corps.

L'entrée des mosquées était interdite aux Juifs. Cependant il y avait, dans beaucoup de villes, des mosquées fort vénérées qui étaient en quelque sorte des lieux d'asile : un Juif, poursuivi dans les rues par les Arabes, pour n'importe quel motif, y trouvait le repos et la sécurité. Contrairement à l'usage des musulmans, il pouvait, il devait même y pénétrer avec sa chaussure, ce qui établissait aux yeux de tous la religion à laquelle il appartenait. Dans le cas où il aurait ôté sa chaussure pour pénétrer dans la mosquée, on aurait pu le prendre pour un musulman; et il arriva fréquemment que des Juifs, dans de

pareilles circonstances, furent forcés de se convertir. —
Quand un Juif passait devant une mosquée ou le palais du
pacha ou du bey, il devait prendre sa chaussure à la main
et marcher nu-pieds ; l'oubli était immédiatement puni
par une forte bastonnade, sans aucune forme de procès.
Aussi, les Juifs, en général, évitaient avec soin de passer
dans les rues où se trouvaient des mosquées ou le palais
des princes ; ils faisaient plutôt de grands détours. — Si
un Juif, voyageant dans la campagne monté sur un mulet
ou sur un âne, rencontrait sur la route un grand personnage musulman, il devait descendre de sa monture, se
ranger sur les côtés du chemin, à une distance respec-
tueuse du musulman, et ne pouvait remonter sur sa bête
que lorsque le grand personnage avait entièrement dis-
paru.

Les Turcs épargnaient les Juifs bien moins que ne le
faisaient les Arabes. Bien souvent le premier Turc venu
obligeait un ou plusieurs Juifs à faire des corvées qu'il
n'aurait demandées ni à ses esclaves, ni à ses bêtes de
somme (1) ; il les forçait de porter des fardeaux au dessus
de leurs forces, sans leur donner aucune rétribution. —
Un Turc, par fatigue, quelquefois par dérision, prenait
le premier Juif qu'il rencontrait sur son chemin et le
forçait de lui servir de monture ; parfois il lui mettait
dans la bouche un mors avec lequel il le guidait comme
on guide une monture ordinaire (2). Malheur au Juif, s'il
faisait mine de vouloir refuser ! il était aussitôt appré-
hendé au corps, conduit devant le kadi et accusé d'avoir

(1) Omer Haschikcha, p. 73, d.

(2) A Alger et à Tunis, de pareils faits n'ont jamais eu lieu.

insulté la religion musulmane ; il se trouvait toujours quelques témoins prêts à déposer devant le kadi qu'ils avaient entendu le *maudit* Juif blasphémer le prophète et sa religion. La justice était expéditive : on donnait au Juif quelques centaines de coups de bâton, puis, jeté en prison, il devait bientôt embrasser l'islamisme, ou bien alors il était vendu comme esclave, quand il ne perdait pas la vie pour son refus d'embrasser la religion de Mahomet.

XXV

Les conversions volontaires des Juifs étaient assez rares, et on n'employait pas souvent la force pour les amener à embrasser l'islamisme. Cependant, on trouve dans les tribus d'assez nombreuses familles d'origine juive, que les chefs avaient obligées à se convertir. Nous avons déjà signalé la conversion des anciens Juifs de Tuggurt, imposée par un Ben Djellab, qui, *comme récompense,* leur avait d'abord *permis* de devenir musulmans, et qui, sur le refus qu'ils lui avaient manifesté, se trouva blessé dans son amour-propre et les convertit par force à sa croyance. Nous avons aussi déjà parlé d'une fraction de la tribu des Zemoul, près de l'Aïn-Feskïa, convertie par la volonté de leur cheïkh (1). — Ces convertis restaient toujours isolés des autres musulmans, soit par leur propre volonté, soit par suite du peu d'estime que les Arabes professent pour les renégats. — Il existe aussi de nombreuses fractions de tribus où on retrouve d'anciennes coutumes juives qui

(1) *Annuaire de la Société archéologique,* t. X, p. 10 et suiv.

font supposer que, dans le temps, elles professaient la
religion juive, sans qu'on puisse établir à quelle époque,
par quels moyens ou par suite de quel événement elles
ont été amenées à abandonner la religion de leurs pères.
Telles sont certaines fractions de tribus habitant l'Aurès :
les *Ouled Zeïan*, les *Ouled Abdi*, les *Ouled Daoud*, et les
habitants des villages de *Menâ* et de *Narâ*.

On constate aujourd'hui encore qu'au printemps, vers
l'époque où les Juifs célèbrent la Pâque, les Arabes de
ces fractions de tribus ont une grande fête pendant laquelle ils observent un repos complet. Ils se préparent à
cette fête par un nettoyage complet des maisons et des
ghraba; ils renouvellent les pierres servant aux fourneaux
des *kanoun*, et lavent avec soin tout leur linge. — Le
samedi, en général, ils ne conduisent ni chèvres ni mou-
tons au pâturage : cela serait de mauvais augure et por-
terait malheur. Dans la nuit du vendredi au samedi, ils
ne donnent pas de feu aux voisins et s'abstiennent de
tout travail manuel. — Mais, d'un autre côté, il faut
constater chez eux quelques autres fêtes et coutumes qui
se rapprochent des fêtes et des coutumes chrétiennes.
Ainsi, le 10 décembre, ils célèbrent la fête du *Mouloud*
de *Sidna Aïssa* (naissance de Jésus), qui dure huit jours;
le 24 décembre, au soir, commence la fête du *Boun Ini*
ou *Boun Iney* (probablement *bonne année*). Le 1er janvier,
ils font de grandes réjouissances; ils nettoient les toitures
des habitations et les recouvrent de verdure. — Ces habitudes existent actuellement, sans que les Arabes qui les
suivent en sachent l'origine. Les plus âgés disent que
leurs pères et leurs aïeuls n'ont jamais pu leur donner
d'explications à ce sujet.

Le Juif converti ne pouvait jamais revenir à la religion de ses pères, sous peine de mort. Cependant nous trouvons, dans l'ouvrage d'un rabbin du dernier siècle, un passage fort curieux (1) où il est dit explicitement qu'à *Bou-Sâada*, les Juifs qui s'étaient convertis ailleurs pouvaient revenir à leur ancienne religion, sans avoir à redouter aucun châtiment. Cette assertion du rabbin Iehouda Ayyasch est fort extraordinaire et presque incompréhensible.

XXVI

Le commerce de toute l'Afrique septentrionale était presque exclusivement entre les mains des Juifs. De tout temps, ils étaient en relation avec les pays de l'Europe les plus éloignés et y faisaient des achats et des échanges fort importants. Marseille, Livourne, Gênes et les ports de l'Angleterre, avaient de continuels rapports avec les villes de la côte d'Afrique. Les voyages des Juifs pour ces différentes places maritimes étaient assez fréquents; ils y avaient même des représentants spécialement chargés de leurs intérêts, représentants originaires d'Afrique et qui s'étaient, en quelque sorte, naturalisés dans ces villes européennes.

Lorsqu'il y avait dans le pays pénurie de blé, ils faisaient venir, par ordre, de nombreux navires chargés de grains; dans les années d'abondance, ils en faisaient l'exportation. Mais, dans les années ordinaires, ils étaient

(1) *Beth Iehouda* du rabbin Iehouda Ayyasch, p. 113, n° 63, des coutumes d'Alger.

obligés d'être très-circonspects pour ce genre de commerce, et souvent l'administration particulière des Juifs était forcée d'interposer son autorité et de recourir à l'excommunication des rabbins pour arrêter l'exportation des blés. Ces mises au ban de la synagogue n'étaient que temporaires et faites dans l'intérêt général des communautés; car on avait à craindre quelque soulèvement populaire, dont tous les membres de la communauté devenaient indistinctement les victimes!

Les tissus de tous genres et de toutes qualités, ord.naires ou fins, passaient par leurs mains, à l'exception de ceux fabriqués dans le pays même, tels que burnous, haïks, etc. Ceux-là mêmes, quand ils devaient venir des villes de la côte ou de l'intérieur assez éloignées, étaient encore vendus par eux ; car ils les faisaient alors venir par leurs correspondants ou par des caravanes. D'Alger au Maroc, de Constantine à Tunis et de toutes les villes du littoral à celles du désert, il y avait continuellement des échanges par l'intermédiaire des Juifs.

Un impôt général, dit de douane, existait sur toutes les marchandises importées, et cet impôt était presque partout de dix pour cent de la valeur. Cette redevance était d'un assez bon rapport pour que les beys aient cru, à certains moments, devoir dispenser de tout autre impôt de capitation les commerçants qui faisaient des affaires sur une grande échelle. C'était, en quelque sorte, un encouragement donné au commerce.

Dans presque toutes les provinces, les droits de douane étaient acquittés en numéraire, et, parfois, donnés à fermage ; dans ce cas, c'étaient des Juifs qui les percevaient comme fermiers. Quelques beys, cependant, s'étant aper-

çus d'un grand nombre de fraudes commises au préjudice
du trésor par les commerçants, de connivence avec les
employés de la douane, prélevaient en nature les droits
de douane et revendaient les marchandises aux négociants.
Ces ventes se faisaient parfois aux enchères publiques ;
mais, le plus souvent, elles étaient faites arbitrairement.
Tantôt des parties de marchandises étaient données gra-
cieusement ou vendues à vil prix à un courtisan que le
bey voulait récompenser ; tantôt le bey, ayant un pressant besoin d'argent, faisait appeler le *mokaddem* des Juifs
et lui ordonnait de répartir un lot de tissus ou de toute
autre marchandise entre un certain nombre de négociants;
le prix fixé par le bey, et presque toujours au-dessus de
la valeur réelle de la marchandise, devait être payé avant
le coucher du soleil. — Le bey usait souvent de ruse pour
évaluer la marchandise, quand il se souciait d'agir régulièrement. — On raconte que tel bey, ayant en magasin
toute une cargaison de chaussures prise par un corsaire,
fit appeler le *mokaddem* avec deux commerçants ; il leur
annonça son intention de faire chausser ses soldats de
telle et telle façon, et leur demanda quel serait le prix
de ce genre de chaussure. Les commerçants, croyant à
un projet sérieux du bey et ne se doutant nullement du
piége qui leur était tendu, établirent un prix où les bé-
néfices devaient être assez raisonnables. Le bey aussitôt
les conduisit dans un de ses magasins et leur ordonna
d'enlever toutes les chaussures au prix établi par eux, et
d'en solder le montant le lendemain matin. — Il en était
de même pour ce qui concernait les dons gracieux (qui
étaient toujours faits par ordre supérieur). Quand il fallait au prince telles essences ou telles étoffes pour les

femmes de son harem, le *mokaddem* des Juifs était mandé par le ministre ou par le bey lui-même, et recevait communication de la commande princière, qu'il devait trouver chez les commerçants de la ville. — C'était, comme on le voit, un impôt extraordinaire que le *mokaddem* était chargé de prélever sur ses coreligionnaires. Dans ces circonstances, il y avait, pour le chef des Juifs, deux marches à suivre : s'il était juste et impartial, il répartissait les marchandises à acheter ou à livrer, les pertes éprouvées ou les dépenses à faire, entre tous les membres de la communauté indistinctement et dans les proportions convenables ; dans le cas contraire, il se retranchait derrière un ordre, formel soi-disant, et imposait, au nom du bey, certains commerçants qui avaient encouru sa disgrâce.

Quand un des ministres du bey avait un intérêt quelconque dans ces commandes, ou s'il voulait du bien aux marchands qui les avaient fournies, le prix en était soldé et presque toujours d'une manière assez généreuse ; mais s'il n'y avait aucun grand personnage qui s'y intéressât, le paiement de la marchandise tombait dans l'oubli, et les commerçants n'auraient jamais osé réclamer ce qui leur était dû.

Dans la conduite des beys, il n'y avait, en quelque sorte, que de l'arbitraire : ils étaient, tantôt d'une munificence extraordinaire, même envers leurs plus humbles sujets, tantôt d'une avarice, d'une exigence sans pareilles ; tantôt ils étaient minutieux et surveillaient attentivement les plus faibles recettes ou dépenses, tantôt ils fermaient les yeux sur les plus grands gaspillages.

XXVII

Nous avons dit que le commerce était presque exclusivement entre les mains des Juifs ; car aucune branche
de commerce ne leur était interdite, si ce n'est l'usure.
Le commerce d'argent était presque inconnu avant la
conquête de l'Algérie.

Il n'y avait pas de concurrence sérieuse pour eux de
la part des Arabes : les Beni Mzab seuls faisaient le commerce, comme ils le font encore aujourd'hui, et ils s'ap-
provisionnaient généralement chez les Juifs. — Comme
colporteurs dans les villages et dans les campagnes, ils
n'avaient pour concurrents que quelques tribus kabiles,
dont ce genre de commerce était la seule ressource, et
qui, par suite de cette rivalité commerciale, ne toléraient
aucun Juif parmi eux. — Dans les villes, le colportage
était exercé par les Juifs seuls, et cela parce que, seuls
aussi, ils pouvaient pénétrer dans l'intérieur des maisons,
dont l'entrée n'était pas permise aux musulmans. Cette
tolérance des Arabes et des Maures à l'égard des Juifs
venait, en quelque sorte, de leur mépris pour eux ; ils
ne les estimaient pas assez pour s'offenser de ce qu'ils
pénétraient dans l'intérieur des demeures, ce qu'ils ne
permettaient pas et ne permettent pas encore, ni aux musulmans, ni aux Européens (1).

(1) Nous avons eu, personnellement, l'occasion de constater ce fait dans
une de nos tournées pastorales. Nous trouvant en Kabilie, nous reçûmes
l'hospitalité (diffa) chez un kaïd des plus renommés. Le fils de ce chef,
jeune imberbe, nous fit l'éloge de son intérieur et de la beauté de ses

Les Juifs exerçaient aussi toutes sortes de métiers et de professions : on ne peut pas dire qu'il y en ait eu un seul interdit par les lois ou les ordonnances des gouvernements. Cependant quelques-uns leur étaient tout à fait spéciaux, tandis que d'autres leur étaient presque inconnus. — Toute l'industrie de l'or et de l'argent était entièrement entre leurs mains ; car, chez les musulmans, ce genre de commerce et de fabrication est réprouvé, comme approchant fort près de l'usure. C'étaient les Juifs qui battaient les monnaies des beys à la *dar sekkah* et se trouvaient sous la direction nominale, mais illusoire, d'un chef musulman appelé *amin sekkah*, qui n'avait aucune notion de la fabrication des monnaies. C'étaient eux qui étaient chargés, dans toutes les administrations, de vérifier, peser et évaluer les monnaies et les bijoux ; ils accompagnaient dans ce but le *saïdji* (trésorier comptable), qui allait percevoir les impôts dans les tribus.

Ils servaient aussi comme *khodja* (commis aux écritures) dans presque toutes les administrations. Il n'y avait que celle des douanes où ils n'étaient admis ni comme vérificateurs de monnaies, ni comme *khodja*, parce qu'on craignait qu'ils ne s'entendissent avec les commerçants, qui étaient tous leurs coreligionnaires.

Les métiers de tailleur, couturier, passementier et

femmes (à seize ans, il en avait déjà deux), et prit à témoin de la véracité de ses paroles un de nos compagnons israélites, qui avait la libre entrée de la maison et qui avait vu les femmes le visage découvert. Comme nous exprimions notre étonnement et que nous sollicitions la même faveur de ce jeune Arabe, il nous répondit que cela n'était pas possible, parce qu'un *roumi* ne devait pas voir les femmes indigènes le visage découvert ; mais qu'il n'y avait pas à s'étonner de ce que le Juif avait vu ses femmes, parce *qu'un Juif n'était pas plus qu'un chien.*

brodeur étaient exclusivement exercés par des Juifs. Les beys avaient tous, dans l'intérieur de leurs palais, des ateliers d'ouvriers tailleurs et passementiers, sous la direction d'un maître ouvrier, pour l'usage particulier de leur maison, et ils s'amusaient assez souvent à visiter les ateliers et à effrayer les pauvres Juifs par leur présence.

C'étaient eux qui confectionnaient les tentes dont le gouvernement avait besoin. Ce travail était une espèce de contribution prélevée sur les Juifs, et il ne leur était payé qu'un *rabia* par jour (environ 15 centimes).

Dans quelques provinces, les Juifs étaient aussi les seuls maçons et couvreurs qu'il y eût. Ce n'était pas tout à fait volontaire de leur part, mais parce que les musulmans trouvaient ces professions ou trop dangereuses, ou indignes d'un vrai croyant.

D'autres métiers, au contraire, leur étaient presque entièrement inconnus, par suite du manque de clientèle : les Arabes ne voulant pas acheter de bâts, de selles ou de souliers fabriqués par les Juifs, il en résultait que les professions de sellier et de cordonnier n'existaient, chez les Juifs, que pour leur usage personnel, et encore y avait-il beaucoup d'entre eux qui achetaient ces objets chez les Arabes.

Ils étaient aussi ferblantiers, chaussetiers, teinturiers, cardeurs, fabricants de cardes, menuisiers, peintres, ou plutôt badigeonneurs. — Sur les bords de la mer, ils exerçaient les professions de bateliers et de pêcheurs; — dans les montagnes de l'Atlas, celles d'armurier et de forgeron. — Dans l'Aurès et dans les montagnes de la Tunisie, il y avait des vignerons qui faisaient de grandes récoltes de raisin. Le vin assez abondant qu'ils en tiraient

était fort estimé, même en Europe. Ils étaient aussi dis-
tillateurs, et les liqueurs fortes et douces *(araki, mah'ia,*
etc.) étaient faites de dattes et de figues. — Mais il était
sévèrement défendu de vendre aux musulmans du vin ou
de l'eau-de-vie. Plus d'une fois, ce fut une cause de persécution contre les Juifs, qu'on accusait de pousser par
là les croyants à transgresser la loi du *Prophète.* Nous
trouvons aussi, à plusieurs reprises, dans les livres rabbiniques contemporains, que l'administration juive elle-
même défendait, sous les peines religieuses les plus sévères, de vendre des vins ou des spiritueux aux disciples
de Mahomet.

XXVIII

Dans toutes les villes de l'Afrique, les Juifs habitaient
un quartier distinct, comme cela existait en Europe pendant tout le moyen-âge, et comme cela existe encore à
Rome, où les Juifs sont parqués dans le Ghetto. Ce quartier s'appelait *Hara* ou *Schara;* il était toujours situé à
l'extrémité de la ville, et contigu à celui des Européens.
— A Alger, ils habitaient le bas de la ville, au bord de
la mer, et indifféremment du côté de Bab-Azzoun ou de
Bab-el-Oued. Ces deux quartiers, désignés sous les noms
de *Hara* et de *Melahin,* avaient, pour le rituel des jours de
fête, certaines différences très-légères. — A Constantine,
ils habitaient autrefois le quartier contigu à *Bab-el-Djebïa.*
On dit qu'il y existe encore une ancienne synagogue;
mais il nous a été impossible de constater la vérité de
cette assertion.

Sous le règne de Salah bey, dans la seconde moitié du dernier siècle, ce prince leur fit donation de tous les terrains vagues qui se trouvaient entre la place actuelle du Caravanserail, ou *Souk el-Asseur*, jusqu'à la porte *El-Kantara*, à condition qu'ils y construiraient leurs demeures et peupleraient ainsi cette partie de la ville, jusqu'alors déserte et occupée seulement par quelques tentes isolées. — Lorsque, à la fin du dernier siècle, les Espagnols évacuèrent Oran, le bey invita les Juifs de Tlemsen, de Mostaganem, de Mascara et des autres villes voisines, à venir l'habiter, et leur concéda un terrain situé entre le Château-Neuf et Saint-André, avec la condition d'y construire suivant les prescriptions d'assiette et d'alignement données.

Ils pouvaient posséder en toute propriété les maisons qu'ils habitaient, et les transactions qui surgissaient étaient souvent établies par des actes de kadi. Ils pouvaient aussi acquérir des maisons de campagne, qu'ils habitaient pendant la belle saison, et des jardins, qu'ils cultivaient. A Alger, presque toutes les propriétés de la *Bou-Zaréah* et d'*El-Biar* étaient possédées par les Juifs. Ils habitaient presque exclusivement ces villages, non pas que les autres leur fussent interdits, mais parce qu'ils préféraient demeurer ensemble, par suite des nécessités de leur culte.

Dans les tribus où ils étaient en nombre suffisant, ils formaient une *fraction* séparée, sous les ordres d'un *cheikh* juif, relevant du *kaïd*. Ils faisaient partie de la tribu au même titre que les Arabes, cultivaient les terres, et combattaient dans leurs rangs, lorsque la tribu était en lutte avec ses voisins, ou lorsqu'elle était appelée à aller en guerre avec le bey. Aujourd'hui encore, il existe dans

7

les *Hanencha* des fractions composées exclusivement de Juifs, qui vivent en Arabes. Ils ne connaissent de leur religion que certaines traditions et certaines pratiques, qu'ils observent avec beaucoup de scrupules ; ils savent aussi quelques courtes prières qu'ils récitent de mémoire. Mais, pour le reste, ils sont, comme les Arabes, plongés dans la plus grande ignorance.

Si les Juifs des villes n'étaient pas possesseurs de terres labourables, ce n'est pas que l'acquisition leur en fût interdite, mais simplement parce qu'ils n'auraient pas trouvé de *khammès* (fermiers) qui voulussent travailler pour eux : c'eût été dégradant qu'un musulman se trouvât aux ordres d'un Juif et travaillât pour lui. Ils auraient pu, il est vrai, cultiver la terre et l'exploiter eux-mêmes ; mais la faible sécurité qui existait pour les Juifs des villes, était tout à fait nulle dans la campagne ; ils se seraient trouvés continuellement en danger d'être attaqués par des malfaiteurs, qui savaient bien, dans ce cas, n'avoir que peu à craindre de la justice du pays. Ce qui prouve bien notre assertion, c'est qu'aux environs de leurs maisons de campagne, les Juifs cultivaient non-seulement leurs jardins, mais encore d'assez vastes terrains, où ils récoltaient du blé, de l'orge, etc. D'ailleurs, ceux qui vivaient dans les tribus, réunis en fractions, étaient tous laboureurs, comme les autres membres de la tribu, et cultivaient des terres *arch* et des terres *melk*.

Comme domestiques, presque toutes les bonnes maisons des Juifs avaient des nègres. — Il ne s'ensuit pas qu'ils aient eu le droit d'avoir des esclaves ; mais les nègres, qu'ils pouvaient bien avoir achetés, préféraient rester à leur service, où ils étaient traités avec beaucoup d'humanité.

Une remarque fort curieuse, que nous ne devons pas oublier de signaler, c'est que, dans les maisons juives, si quelqu'un venait à mourir par suite d'une chute du haut du toit ou d'un des étages, tous les autres habitants devaient payer au gouvernement la somme de cinq cents pièces d'or (1).

XXIX

En terminant ce travail, nous devrions publier une liste de tous les hommes célèbres et des rabbins distingués dont les travaux ont illustré les noms dans le judaïsme africain ; mais les documents nous manquent en ce moment pour ce qui regarde le Maroc, la Tunisie et la Tripolitaine. Nous donnons ici seulement la liste des rabbins les plus célèbres de l'Algérie, pendant les quatre derniers siècles, et, malgré toutes nos recherches, nous la croyons encore fort incomplète.

———

Abi Zimrah (Abraham ben Meïr) vivait à Oran et à Tlemsen à la fin du XVe siècle, et y composa différentes pièces de poésie. (Omer Haschikcha, p. 134 et suiv.)

Abi Zimrah (Isaac Mandil), de Tlemsen, vivait à la fin du XVIe siècle. Il est un des poètes hébreux les plus re-

(1) Beth Iehouda de Iehouda Ayyasch, qui cite le fait, sans en donner le motif.

nommés de l'Afrique. Quelques-unes de ses poésies se trouvent dans *Omer Haschikcha* et *Schibché Elohim.*

ABOU AL-AÇBI (Moïse ben Meïr) vivait à Alger au milieu du XVIe siècle. Il fit quelques prières que l'on récite à l'anniversaire de 1541 ; il est également cité dans *Iabin Schemouah* (p. 16, note).

ABOU AL-AÇBI (Joseph), probablement fils du précédent, était rabbin à Alger. Son ouvrage, inédit, *Chazé Hallenouphah,* est cité dans *Iabin Schemouah* (p. 10, note).

AYYASCH (Iehouda), rabbin à Alger dans la première moitié du XVIIIe siècle, est auteur des ouvrages casuistiques suivants : I. *Beth Iehouda;* II. *Léchem Iehouda ;* III. *Bené Iehouda;* IV. *Vezoth li-Iehouda;* V. *Maté Iehouda;* VI. *Schebet Iehouda;* VII. *Kôl Iehouda.*

ALAL BEN SIDOUN (Ben Ischoüa Narbóni), rabbin de Tlemsen, vivait au XVe siècle. Il composa un grand nombre de poésies, dont quelques-unes ont été conservées dans le *Rituel* de Tlemsen. (Son nom, tel que nous le rapportons, se trouve en acrostiche dans une pièce imprimée à Oran en 1856 : *Schibché Elohim,* p. 17.)

AL-ASCHKAR (Joseph), rabbin de Tlemsen au commencement du XVIe siècle, fit différentes poésies. Celle insérée à la fin de *Tikkoun Sofrim* nous indique l'époque à laquelle il a vécu. Il se trouve également cité par Abraham Gavissen, dans *Omer Haschikcha* (p. 65, a). Son commentaire cabbalistique sur la Mischna existe encore en manuscrit à Tlemsen.

AMAR (Amram, surnommé *Chouïatou*), vivait à Alger à la fin du XVIIIe siècle. Il fit différentes poésies insérées dans *Schibché Elohim*, et composa aussi la préface mise en tête du *Iamim Achadim* de Joseph Azubib.

Ankaoua (Ephraïm ben Israël), rabbin très-distingué, quitta l'Espagne en 1392, vint en Afrique, d'abord à Honaïn, et plus tard à Tlemsen, où il fut nommé rabbin. Il mourut dans cette ville en 1442 (5202. Voyez *Omer Haschikcha*, p. 137). Il envoya à son ami Simon Duran (l'ancien) quelques pièces de poésie, pour le féliciter sur son ouvrage, *Iabin Schemouah*, (Voyez p. 22.) Il était aussi en correspondance avec Isaac bar Schescheth Barfath, qui l'estimait beaucoup. — Quelques prières de lui existent encore dans le rituel de Tlemsen.

Azubib (Nehoraï), rabbin d'Alger, vivait dans la seconde moitié du XVIIIe siècle. Il fit quelques prières pour l'anniversaire de 1775. Quelques poésies de lui se trouvent aussi dans *Schibché Elohim* (p. 43).

Azubib (Joseph), fils du précédent, était rabbin à Alger à la fin du dernier siècle. Il est auteur d'un recueil de discours (*Deraschoth*), intitulé : *Iamim Achadim*.

Barfath (Isaac bar Schescheth), rabbin à Alger, était venu d'Espagne en 1392. (Voyez § XVIII).

Berouch (Isaac), vivait à la fin du dernier siècle. Quelques poésies de lui se trouvent dans *Schibché Elohim*.

Bouchara (Abraham), était un des chefs de la communauté juive d'Alger au milieu du XVIIIe siècle. On a de lui un recueil de discours sous le nom de *Berith Abraham*.

Chalac (Iehouda), rabbin célèbre de Tlemsen, vivait à la fin du XVIe siècle. Il est auteur de *Sépher Hamoussar* (impr. Mantoue, 1594). Il composa un ouvrage sur *Hil-*

choth Schechita, de Maïmonide, qu'il intitula *Magaïd Mischné;* il fit aussi différentes poésies, entre autres une assez longue pièce sur *Schechita Bedika* et *Trépha*, qui existe encore en manuscrit. Il est cité avec beaucoup d'honneur par Salomon Duran II et Salomon Seror. (Voyez *Chouth Hameschoulasch*, p. 15, c, 56, a.)

CANSINO. (Voyez, sur cette famille, § XX.) Quelques autres membres de la famille Cansino vivaient dans la province d'Oran au XVIIe siècle, entre autres Abraham Cansino (*circà* 1630), et Isaac ben Chaïm Cansino (mort en 1672), qui ont composé quelques poésies hébraïques.

ÇARFATI (Abraham ben Salomon), vivait à Alger au milieu du XVIe siècle. Il composa une partie des prières que l'on récite chaque année pour célébrer l'échec de Charles-Quint devant cette ville, en 1541.

CASPI (Aba Mari ben R. Nachman Aben), vivait à Tlemsen au milieu du XVe siècle. Une pièce de vers qu'il envoya à Simon Duran (l'ancien), se trouve dans *Iabin Schemouah* (p. 22). Une longue correspondance fut échangée entre lui et Salomon Duran (l'ancien), et se trouve imprimée dans *Raschbasch* (p. 122-125).

COHEN (Ahron Jonathan), un des rabbins de la fin du dernier siècle, composa différentes prières pour le *Pourim* de 1775, qu'on célèbre à Alger.

DURAN. Cette famille, originaire de Provence, et qui, en 1392, vint de Majorque à Alger, a toujours eu, dans cette dernière ville, des représentants distingués, jusqu'à la fin du dernier siècle. D'après les livres que nous avons consultés, il nous a été possible d'établir la généalogie de cette famille de la manière suivante :

CÉMACH DURAN, de Majorque
(XIVᵉ siècle).

NESSIM.

SIMON
(vint à Alger en 1391. Mort en 1444).

SALOMON
(mort en 1467).

CÉMACH
(1500).

SIMON
(1496-1502).

SIMON
(1525-1531).

CÉMACH
(mort en 1590).

SALOMON
(1592-1596).

CÉMACH
(mort en 1614).

SIMON

CÉMACH

IONA

SIMON
(1623).

BENJAMIN
(1695).

CÉMACH.

JOSEPH BENJAMIN
(mort en 1762).

CHAÏM IONA
(1763).

CÉMACH
(1782-1785).

CÉMACH
(1782-1785).

DURAN (Simon I). Voyez § XVIII.

DURAN (Salomon), fils du précédent, mourut rabbin à Alger, en 1467. Il composa différents ouvrages casuistiques : I. Lettres religieuses, *Raschbasch* (Réponses de Salomon ben Simon) ; II. *Tikkoun Sophrim*, imprimé à la suite de *Iabin Schemouah*, de son père.

DURAN (Cémach), fils du précédent, vivait à Alger à la fin du XV⁰ siècle. Il est auteur de la deuxième partie de *Iachin ou Boaz*.

DURAN (Simon II), frère du précédent, est auteur de la première partie de l'ouvrage précité.

DURAN (Salomon II), arrière-petit-fils de Cémach, vivait à Alger à la fin du XVI⁰ siècle. Il fit des notes sur les ouvrages de son aïeul Simon I, *Taschbez* et *Iabin Sche-mouah*. On a encore de lui un recueil de discours, sous le titre *Chescheq Schelomo*, et des réponses casuistiques imprimées à la suite du *Taschbez* (*Chouth Hameschoulasch*, I⁰ partie).

DJILAN (Nathan), vivait à Tlemsen, à la fin du dernier siècle. Il fit une lettre d'approbation pour la publication du rituel de Tlemsen (1800). Il composa un grand nombre de poésies hébraïques et arabes, imprimées dans *Schibché Elohim* (p. 131 et suiv.).

GAVISSON. Cette famille habitait Séville au XIV⁰ siècle. En 1392, les persécutions la forcèrent à émigrer et à se rendre à Grenade. Lors de l'expulsion générale des Juifs d'Espagne, en 1492, la famille Gavisson vint en Afrique. Les deux frères Abraham et Jacob s'établirent à Tlemsen. Ce dernier est auteur d'un ouvrage intitulé : *Dérech Has-séchet*, dans lequel il combat ceux qui s'étaient élevés contre l'étude de la philosophie et des ouvrages de Maïmonide. (Voyez *Omer Haschikcha*, p. 112 et 131.)

GAVISSON (Abraham), médecin distingué de Tlemsen,

vivait dans la seconde moitié du XVIe siècle. Il fut mandé
à la cour d'Alger en 1574, et occupa le poste de premier
médecin du prince. Il composa, dans cette ville (1575), un
commentaire sur les *Proverbes* de Salomon, qu'il intitula :
Omer Haschikcha. En 1579, il retourna dans sa ville
natale (Tlemsen), pour prêter son concours comme médecin dans une peste qui ravageait cette cité. Il y mourut
des suites de son dévouement : il n'était alors âgé que
de cinquante-huit ans.

GAVISSON (Jacob), médecin à Alger, fils du précédent,
ajouta, à la suite du travail de son père, un supplément
sur la poésie hébraïque (*Omer Haschikcha*, p. 118, fin).

GAVISSON (Abraham), fils du précédent, né en 1580,
mourut à Alger en 1605. Malgré son jeune âge, il avait
su acquérir une grande réputation comme médecin et
comme hébraïsant. Son père cite, dans le supplément de
Omer Haschikcha, un grand nombre de ses poésies.

IAPHIL (Mimoun), rabbin à Alger, mort le 27 *Siwân*
1727 (5487), est auteur d'un recueil de discours intitulé :
Pi Çadiq.

IBN NAYYM (Jacob ben Samuel), originaire du Maroc,
quitta Fez, sa patrie, et alla, de ville en ville, jusqu'à
Mascara, où il fut nommé rabbin. Il y demeura pendant
sept ans, et se rendit ensuite à Alger, où les fonctions
de rabbin lui furent offertes. Il accepta ces nouvelles
propositions, et demeura dans cette ville près de dix-huit
ans. Mais, ayant éprouvé quelques ennuis dans la position qu'il occupait, il quitta cette ville et se rendit à Livourne, où il arriva en 1782. Il publia, dans cette ville,
un recueil de réponses casuistiques, *Zéra Iacob*, et un

volume de dissertations sur le Pentateuque, *Ieschouoth Iacob*. L'expédition du comte O'Reilly contre Alger ayant eu lieu pendant son séjour dans cette ville, il prit part à l'institution de l'anniversaire commémoratif de cet échec, et composa, pour cet office spécial, un certain nombre de prières.

Ibn Menir (Joseph), rabbin de Constantine, dont la grande piété lui fit donner le surnom de *Hé Chassid* (le pieux), arriva dans cette ville à la fin du XIVe siècle, et mourut au commencement du XVe siècle. Son tombeau existe encore dans le cimetière israélite de cette ville, mais il ne s'y trouve aucune inscription. Il est auteur d'un travail (*Schitta*) sur le traité du Talmud *Nedarim*, qu'on trouve cité dans Beth Joseph (IIe partie, *Icré Déah*, ch. CCXXVIII).

Iehouda ben Chanin vivait à Alger au milieu du XVIIIe siècle. Il y composa un livre intitulé : *Eç Hachaïm*.

Ieschoua ben Joseph ha Levi, rabbin de Tlemsen, composa un des meilleurs ouvrages méthodiques sur le Talmud. Il quitta l'Afrique à la suite de la persécution qui eut lieu à Tlemsen en 1467, et se rendit en Castille.

Meschisch (Moïse ben Isaac), rabbin à Alger, vivait au milieu du XVIe siècle. Il fut un de ceux qui établirent l'anniversaire rappelant l'échec de Charles-Quint (1541), et composa pour cette solennité quelques prières qu'on récite encore aujourd'hui. Dans *Omer Haschikcha* (p. 92), il est parlé avec beaucoup d'éloges d'un de ses discours sur la charité publique.

Messaoud ben Guenoun vivait à Alger au milieu du

XVIIIᵉ siècle. On a de lui un recueil de discours sous le titre : *Zéra rav*.

MOATTI (Isaac), vivait à Tlemsen et à Oran à la fin du XVIIIᵉ siècle. Iehouda Ayyasch le cite plusieurs fois dans ses *Réponses*. Il est auteur d'un certain nombre de poésies insérées dans *Schibché Elohim*.

NADJAR (Mimoun ben David), rabbin célèbre de Constantine, vint dans cette ville à la fin du XIVᵉ siècle, et sut, par sa science et son érudition, gagner l'estime des habitants de la ville, qui le nommèrent rabbin et juge à la mort de Joseph ben Menir (commencement du XVᵉ siècle). Il fut en correspondance suivie avec les rabbins d'Alger Isaac Barfath et Simon Duran, qui le traitaient avec beaucoup de déférence. On cite de lui un ouvrage sur les habitudes synagogales et sur le rituel, intitulé : *Kontrass Haminhaguim*.

SÉROR (Salomon), rabbin d'Alger à la fin du XVIᵉ siècle, passa une partie de sa vie à Tunis, où il était allé à plusieurs reprises pour se faire traiter d'une maladie très-grave. Quelques réponses casuistiques de lui sont imprimées à la suite du *Taschbez, Chouth Hameschoulasch*, IIᵉ partie.

SÉROR (Raphaël Iedidiah), rabbin à Alger, vivait au commencement du XVIIIᵉ siècle, et mourut le 27 kislew 5498 (décembre 1738). Il est auteur d'un recueil de décisions casuistiques et de cas de conscience intitulé : *Peri Çadiq*.

SIDOUN (Ischoua), rabbin d'Alger, vivait à la fin du XVIIIᵉ siècle. Il composa, pour l'anniversaire de 1775, un

certain nombre de prières qu'on récite encore aujour-
d'hui.

Tawah (Abraham ben Jacob), vivait à Alger, au milieu
du XVIe siècle. Dans sa correspondance, il parle souvent
de Simon Duran (l'ancien), en l'appelant son grand-père.
Il composa quelques prières pour l'anniversaire algérien
de 1541 ; il s'en trouve aussi quelques-unes dans le rituel
de *Rosch Haschana*. Ses réponses casuistiques composent
la troisième partie de *Chouth Hameschoulasch*, imprimé à
la suite du *Taschbez* (Amst., 1738). Iehouda Ayyasch
(*Beth Iehouda*, p. 113) cite encore de lui un ouvrage
intitulé : *Nophech*.

Zegbib (Messaoud), rabbin de Constantine, vivait au
commencement du XVIIIe siècle. Il termina son livre *Zéra
Emeth* en 1715, comme il le dit lui-même à la fin de son
ouvrage, dans une note, où il ajoute que, la même année,
il eut à subir, de la part du bey, un long emprisonnement et le supplice de quatre cents coups de bâton. Il se
trouvait alors dans un âge fort avancé. — Il existe à
Constantine une synagogue qui porte son nom *(Dar Rebbi
Messaoud)*, et qui est aujourd'hui encore en grande vénération. La place que ce rabbin y occupait a été murée
après sa mort, pour que personne ne la profanât.

Zimron (Joseph ben Abraham), rabbin de Constantine,
vivait au milieu du XVe siècle. Il fut le disciple de Salomon Duran (l'ancien), qui était en fréquente correspondance avec lui. (Voy. *Rasbasch*, nos 12, 225, 288, 327.)
Cémach Duran lui adressa également un certain nombre
de lettres qui se trouvent dans *Iachin ou Boaz*. (Voyez

Ire partie, nos 78, 126, 132, 149.) Une pièce de vers, adressée par lui à son maître, se trouve imprimée dans *Iabin Schemouah*, à la suite du *Tikkoun Sophrim* (p. 72).

SUPPLÉMENT.

I

M. Federmann, interprète principal de l'armée d'Afrique, qui a fait un séjour prolongé à Médéah et dans les environs, a étudié la province de Titteri avec beaucoup de soins et a consigné ses observations et les résultats de ses études dans un travail, inédit encore, qu'il a bien voulu nous communiquer, et dont nous donnons ici quelques extraits qui concordent avec ce que nous avons dit à partir du § XXI.

Il serait à souhaiter que ce travail consciencieux et savant fut imprimé, car il jette une vive lumière sur l'administration des beys de Titteri et particulièrement sur les impôts et les tribus de ce pays.

« Les Juifs de Médéah relevaient du *hakèm*, qui les administrait par
» l'intermédiaire de leur *mokaddem* (préposé), nommé par lui. — Il leur
» était interdit, d'une manière absolue, de monter à cheval; on ne leur
» laissait pour monture, que des mulets et des ânes, et pour équipement,
» que des bâts et des chouaris (paniers); ils ne pouvaient se vêtir que
» d'une calotte noire, d'un foulard, d'un burnous gris et de *betim* (sou-
» liers juifs), ou de *bolgha* de couleur noire. — L'usure leur était sévère-
» ment interdite; tout Juif qui prêtait à intérêt perdait son capital et
» recevait la bastonnade.

» Les Juifs étaient obligés de confectionner les tentes dont le bey avait
» besoin; le travail leur était payé à raison de 15 centimes (un *rabia*) par
» jour.

» Les *Hadhar* et les Juifs de Médéah étaient sujets aux mêmes imposi-
» tions que les Arabes *Rayas*; indépendamment de la taxe personnelle,

» appelée *gherama*, ceux qui cultivaient la terre payaient les taxes fon-
» cières qui, sous le nom de *mouna* et d'*achour*, grevaient le sol.

» La ville de Médéah avait à payer une *gherama* annuelle de 2,500
» *boudjous*, dans la proportion d'un tiers pour les Israélites et de deux tiers
» pour les *Hadhar*. La répartition de cette taille se faisait par le *cheïkh*
» *el-blad*, avec le concours des notables de la ville et de la banlieue.

» Tous les deux mois, les bêtes de somme des *Hadhar* et des Juifs de
» Médéah étaient requises pour transporter gratuitement à Alger l'*aoula*
» ou provisions consistant en blé, farine et beurre fondu. Cette corvée
» paraît leur avoir été imposée pour la première fois l'an 1137 de l'hégire
» (1724). A cette époque, le pacha d'Alger, nommé Abedi, ayant épousé la
» fille d'un *Hadhri* de Médéah, les *Hadhar* de cette ville, afin de s'assurer
» la protection de leur compatriote, devenue sultane, envoyèrent fréquem-
» ment à cette dernière des cadeaux, consistant en beurre fondu, blé,
» poules, etc. Après la mort d'Abedi pacha, le divan d'Alger, se rappelant
» cette circonstance, décida que les *Hadhar* de Médéah continueraient à
» transporter gratuitement à Alger les vivres destinés pour la maison du
» pacha. »

II

Nous devons rapporter, à propos du § XXIII et de la communauté tunisienne, une tradition très-connue, mais que nous ne garantissons nullement.

Dans les premiers temps de la nouvelle organisation de la communauté tunisienne, il y eut lutte pour le choix du grand rabbin de la ville : les uns voulaient Rebbi Meïr Lombroso, les autres Rebbi Abraham Romano. Le parti Lombroso l'emporta, et Rebbi Meïr fut investi des fonctions de grand rabbin. Dans son dépit, et pour se ven-ger de l'échec qu'il venait d'éprouver, Abraham Romano, qui, dit-on, était un des partisans de Sabathaï Sévi, se convertit à la foi musulmane et voua une haine profonde aux Juifs. Il composa contre eux de nombreux ouvrages. Par suite de cela, il reçut le nom de *Sidi bou Sifân* ou *Sidi Sifân* (le seigneur à double épée). Il chercha, par tous les moyens possibles, à nuire à ses anciens coreligionnaires, et il fut sur le point de susciter contre eux une violente persécution. — La tradition raconte que la colère de Dieu fit tomber la maison de Romano sur lui et toute sa famille. Musulmans et Juifs y virent le doigt de Dieu et la persécution n'eut pas lieu. — On lui érigea au cimetière musulman, une *koubba* comme pour les grands *marabouts;* on y suspendit, comme dans les autres, un croissant en cuivre, qui devait pendre droit et juste au milieu de la *koubba.* Mais malgré tout ce qu'on put faire, ce croissant ne fut jamais en ligne droite et pencha toujours beaucoup d'un côté. On attribua cette bizarrerie au peu de sincérité de la conversion de Romano.

Un des grands rabbins de Tunis de la fin du dernier siècle, R. Ouziel al-Chaïkh, auteur du livre *Mischkenoth Haroïm,* faisant, la veille du nouvel an *(rosch haschana),* sa visite habituelle au cimetière et la prière des morts, alla jusqu'au tombeau de Romano et y récita des prières. Beaucoup blâmèrent ce trait de tolérance, et son exemple ne fut pas imité. Il fut même obligé d'y renoncer lui-même les années suivantes.

Les ouvrages manuscrits de Romano demeurèrent longtemps entre les mains de quelques Arabes, qui en tiraient souvent des arguments pour discuter avec les Juifs. On ne savait, parmi ces derniers, comment arriver à faire disparaître ces ouvrages, qui étaient toujours une menace pour leur repos et leur tranquillité.

Au commencement de ce siècle, le rabbin Pinhas Darmon réussit dans ce projet. — Il avait souvent des discussions religieuses avec un négociant arabe des plus instruits. C'était toujours malgré lui que Darmon avait de pareilles controverses; car il savait qu'il n'y avait rien à gagner de part et d'autre, et il lui fallait la plus grande circonspection dans ses arguments contre l'islamisme. L'Arabe, au contraire, était pressant et il apportait toujours de très-forts arguments contre le judaïsme, ce qui étonna beaucoup Darmon, car il le savait peu instruit dans la religion juive ; il chercha à connaître quelle était la source où il puisait ses arguments. Il crut voir, derrière l'Arabe, quelque Juif renégat qui lui fournissait les raisonnements dont il se servait. A force de recherches, Darmon finit par découvrir que son antagoniste arabe puisait sa science dans les ouvrages de *Sidi Sifân*, et il forma le projet de les faire disparaître. Un jour, en présence d'autres Arabes, Darmon, contre son ordinaire, poussa la discussion bien loin, força son adversaire dans ses derniers retranchements, et parvint à lui arracher des paroles violentes contre Mahomet et la religion musulmane. Darmon alla de suite dénoncer l'Arabe au kadi, un de ses amis, qui, après enquête, voulut condamner l'Arabe selon les lois rigoureuses de l'islamisme. Mais Darmon, qui n'avait agi de cette sorte que pour arriver à son but, prouva au kadi que ce n'était pas l'Arabe qu'il fallait condamner, mais celui qui l'avait instruit, c'est-à-dire, les ouvrages de *Sidi Sifân*, où il avait puisé ses arguments. Le kadi se fit apporter tous les manuscrits de *Sidi Sifân* et les condamna au feu, ce dont se réjouirent fort les Juifs de Tunis.

Constantine, février 1867.

AB. CAHEN,
Grand Rabbin de la province de Constantine.

www.ingramcontent.com/pod-product-compliance
Lightning Source LLC
Chambersburg PA
CBHW060625100426
42744CB00008B/1501